東西学術研究所研究叢書第14号
ユーラシア歴史文化研究班

文書・出土・石刻史料が語るユーラシアの歴史と文化

森部　豊　編著

関西大学
東西学術研究所

はじめに

主幹　森　部　　豊

本書は、2019年4月から2022年3月まで活動した、関西大学東西学術研究所ユーラシア歴史文化研究の研究成果報告書である。

本研究班は、ユーラシアの多様な歴史と文化を具体的に復元し、そこから新しいユーラシア史像を模索していくことを目的とした。ユーラシアには、王朝の年代記の他、各地域特有な史料、たとえば簡牘史料や石刻史料、内陸アジアで出土した文書史料、宮廷における档案史料などが存在する。それらの分析を通じ、浮かびあがってくる多様なユーラシアの歴史像は、一見、バラバラなものに見える。これを、従来の古代－中世－近世－近現代というような時代区分ではなく、別の新しい時代区分を設定して、それぞれの歴史像をあてはめつつ、「ユーラシア史」を構築していこうというものであった。

ところが、ことは思う通りにはならなかった。一年目の終わりから新型コロナウイルスの感染が拡大し、対面での研究例会を一度開いたのみで、活動がほぼ止まってしまったのである。さいわい、この「騒ぎ」が起こる前の2019年10月26日に「中国王朝の「異民族」統治方法に関する問題と考察」をテーマとし、研究班主幹の森部の科研費補助金（JSPS科研費16K03100）による研究成果の報告をあわせて、研究集会を開催した。森部の基調報告「唐朝の羈縻政策をめぐる諸問題」にはじまり、外部から招聘した新津健一郎（東京大学大学院生）「唐代南方統治政策における羈縻州の位置」、齊藤茂雄（帝京大学）「唐代前半期における突厥羈縻集団の形成と解体」、佐川英治（東京大学大学院）「羈縻政策としての北魏六鎮」の三人の研究発表を行うことができたのは幸いだった。

この成果は、すでに『石刻史料を用いた唐朝の羈縻支配に関する基礎的研究』（JSPS 科研費 16K03100 研究成果報告書、私家版、2020）として公刊した。

二年目、新型コロナウイルスの感染拡大はついに非常事態宣言の発令につながり、春学期はオンライン授業となると同時に、研究班の活動は停止した。ただ、関西大学では、2020 年度の秋学期から対面方式を徐々に復活させ、研究活動もふたたび動き始めたが、なお、対面とオンラインでのハイブリット形式の活動にとどまった。

こうした困難な状況下、研究員全員が顔を合わせ、発表し、質疑応答をおこなうことはできなかったものの、各人が研究活動を継続し、このたび、その研究成果の一部をここに後漢する運びとなった。以下、研究班の構成と合わせ、本書の内容を紹介してみたい。

研究員の藤田高夫（文学部・教授）は、漢代の木簡史料を駆使して漢王朝の辺境政策の一側面を検討し、「漢代の部都尉をめぐる覚書 —— 中国王朝の辺境政策の一側面として ——」として成果をまとめた。

研究員の澤井一彰（文学部・教授）は、2019 年度在外研究員としてトルコへ赴き、現地での研鑽も加味し、「オスマン朝の料理書にみる「饅頭」（マントゥ）とその変容」にまとめあげた。ユーラシア大陸の東西に見える「饅頭」をテーマにしたユーラシア文化史といえる。

研究員の篠原啓方（文学部・教授）も 2019 年度在外研究員として、朝鮮・中国・中央アジアを踏査し、石碑の調査に従事した。本書におさめる「双龍戯珠型螭首の変遷について」はその成果の一部であり、特に中国におけるこの様式の石碑の変遷をまとめた。

研究員の池尻陽子（文学部・准教授）は、チベット史を専門とし、本書では「摂政テモ＝ホトクト晩年のサムイェー僧院修繕事業について」と題してダライ＝ラマ８世の摂政を務めた仏僧の寺院修繕事業を政治史的観点から分析した。

本学の所属する研究員以外、委嘱研究員として吉田豊（現・京都大学大学院名誉教授）を迎えた。吉田はソグド語・ソグド文化を専門とする。本書には「カラバルガスン碑文と初期回鶻・マニ教史：牟羽可汗、P. Zieme, L. Clark, 森安孝夫」と題する一文を寄稿し、モンゴリアにあった回鶻がマニ教を受容した事件について論じた。

非常勤研究員の毛利英介（関西大学）は清末に「出現」した『靖康稗史』について、その真贋を考察し、偽書である可能性を論じた「『靖康稗史』の「出現」について――『謝家福書信集』所収史料の紹介」を寄稿された。

最後に、研究班の主幹は、森部豊（文学部・教授）がつとめた。森部は中国中古時期におけるソグド武人の活動について墓誌を使って再検証することをテーマとし、「唐代中後期のソグド系武人に関する覚書」としてまとめた。

以上、本書の概要である。では、じっくりと研究員たちの研究成果を玩味していただきたい。

2023 年 1 月 18 日

文書・出土・石刻史料が語るユーラシアの歴史と文化

目　次

漢代の部都尉をめぐる覚書
──中国王朝の辺境政策の一側面として──

藤　田　高　夫

1　漢代の郡太守と郡都尉に関する制度理解

本稿は、漢代の郡国に置かれた都尉のうち、辺境に配置された部都尉に関して、現在までの知見を整理し、その問題点を確認することを目的としている。

周知のように前221年全国を統一した秦王朝は、全国を36郡に分かち、それぞれに守・尉・監を置いた[1)]。漢王朝が成立しいわゆる郡国制が取られるようになっても、基本的には秦の体制が継承された。郡には太守（前漢初は郡守）、諸侯王国には国相が置かれ、辺郡においては、次官として丞の他に軍事を掌る長史が置かれるなどの改変はあったが、郡国統治の枠組みに大きな変化があったわけではない。

> 郡守、秦官、掌治其郡、秩二千石。有丞、辺郡又有長史、掌兵馬、秩皆六百石。景帝中二（前148）年更名太守[2)]。

都尉についても、秦制を継承したことは太守と同じであり、諸侯王国でも中尉の名称で都尉に相当する官が置かれた。

---

1)「分天下以爲三十六郡、郡置守・尉・監」（『史記』巻6・秦始皇本紀、239頁）。なお正史からの引用については、中華書局標点本のページ数を掲げる。

2)『漢書』巻19上・百官公卿表上、742頁。

郡尉、秦官、掌佐守典武職甲卒、秩比二千石。有丞、秩皆六百石。景帝中二（前148）年更名都尉[3]。

ここで問題となるのは、郡太守と郡都尉との関係である。百官公卿表では「守を佐けて武職甲卒を掌る」とあるように、あくまでも都尉は太守を佐助する職であって、郡の民政を太守が、軍事を都尉が管掌していたということではない。これについては、鎌田重雄氏が「都尉は軍事をもって太守を佐ける官であるから、一郡の兵権が都尉にあるとは言えない」と述べているとおりであり[4]、厳耕望氏はさらに踏み込んで「都尉佐助太守掌太守甚明、故太守称郡将、而都尉称副将」と述べている[5]。

そもそも郡兵の発兵権は太守のもとにあった。郡兵動員を許可する銅虎符が太守の手元に置かれていたことはその証左である[6]。それでは、郡の都尉は郡太守の配下として全面的に太守の統制下にあったか、というと、そうとも言えない。両者の官秩は、太守が二千石、都尉が比二千石で、太守がわずかに高いが都尉もそれに比肩するランクであり、太守の属官である丞が六百石であることに鑑みると、太守と都尉の地位の懸隔はさして大きなものではなかったことがうかがえる。これは太守から都尉への通達文言からも見て取れる。

建始元（前32）年九月辛酉朔乙丑、張掖大守良・長史威・丞宏。敢

3）同上。

4）鎌田重雄『秦漢政治制度の研究』「第六章　郡都尉」、日本学術振興会、1962年、305～308頁。

5）厳耕望『中国地方行政制度史　上編　秦漢地方行政制度』「第二章　郡府組織」、中央研究院歴史語言研究所専刊之四十五、1962年、94～95頁。

6）「（文帝二（前178）年）九月、初與郡国守相爲銅虎符・竹使符」（『史記』巻10・文帝本紀、424頁）。ただし、太守の軍事行動はあくまでも自らの管掌する郡内に限られていたことも注意すべきである。後漢の事例ではあるが、「（李章）出爲琅邪太守。時北海安丘大姓夏長思等反、遂囚太守處興、而據営陵城。章聞、即發兵千人、馳往撃之。掾史止章曰、二千石行不得出界、兵不得擅發」（『後漢書』・酷吏列伝第67、2493頁）に見られる。

告居延都尉卒人、言殄北守候塞尉護・甲渠候誼、……

（E.P.T52：99）[7]

この木簡は張掖郡の太守府が、張掖郡内の居延都尉を通じてその配下の殄北候官・居延候官に下した調査命令の冒頭部分であるが、「敢えて居延都尉卒人に告ぐ」という表現をとっていることが注目される。つまり、通達先である居延都尉を名指しするのではなく、居延都尉の卒人（＝部下）宛てとしているのであり、ちょうど目上の人物に送る書簡などで「……先生侍史」、「……先生机下」などと書くのと同様の謙譲表現なのである。ここにも太守と都尉との関係が単純な上下関係ではなかったことが看取できるだろう。すなわち、都尉は太守に対して同等ではないけれどもそれに比肩するポジションを有していたと考えられ、ある種の独立した権限を有していたことが想定される。

それは、都尉府の所在、つまり都尉府の治所が太守府とは別の地点に置かれていた例が多いことからもうかがえる。『漢書』地理志は周知のように郡国ごとに所属する県邑の名称が列挙されているが、通常は郡国の最初に示される県が首邑、すなわち郡太守府の置かれた県と考えられている。ところが、そのあとに列挙される県邑のなかには「都尉治」、つまり都尉府がおかれた県であることを注記する記述が頻見する。以下に『漢書』地理志にもとづいて、都尉府が太守府とは別の県に置かれていた郡国を【地図 1】として示しておこう。

一見して明らかなように、その数は決して少ないものではなく、また内郡・辺郡といった区別も見ることはできない。後述するように、『漢書』地理志の記載が十全ではないことを踏まえると、むしろ都尉府は太守府とは異なる県に治所を置くことが一般ではなかったのかとも思えてくる。ともかく、治所を異にすることが、都尉の太守に対するある種の

7）漢代簡牘の引用は、原簡番号のみを掲げ、釈文・図版などは一々列挙しない。

【地図１】 太守府と治所を異にする都尉府（『漢書』地理志による）

独立性を与え、それによって相互に掣肘する機能を付与したであろうことは想像に難くない。

ここでもう一度『漢書』百官公卿表の記述に戻って、都尉の掌る「武職甲卒」について考えておきたい。「武職甲卒」とは具体的に何を指しているのであろうか。郡に都尉が置かれたように、郡に所属する県には県尉が置かれた。また県を構成する郷にも游徼という少吏が配置された[8)]。県尉や游徼の具体的職務は明らかでない部分が多いが、これが郡の都尉の指揮下にあったことは認められるだろう。そのうち游徼は「徼循禁賊

8)「県令・長、皆秦官、掌治其県。万戸以上為令、秩千石至六百石。皆有丞・尉、秩四百石至二百石、是為長吏。百石以下有斗食・佐史之秩、是為少吏。大率十里一亭、亭有長。十亭一郷、郷有三老・有秩・嗇夫・游徼。三老掌教化、嗇夫職聴訟、収賦税、游徼徼循禁賊盗。」(『漢書』巻19上・百官公卿表上、742頁)

盗」とあるように治安維持の吏であった。漢代の地方には同様の治安維持に関わる吏として亭長も置かれていた。亭は「十里一亭」とあるように一定の間隔をもって設置され、実際には粗密の差はあったろうが県内さらには郡内に多数設置されていたものである。『漢書』地理志は、全国の亭の総数を二万九千六百三十五としている。その亭長について、後漢のことではあるが、

亭有亭長、以禁盗賊。本注曰、亭長主求捕盗、承望都尉[9]。

として、亭長が直接的ではないにしても都尉の指揮下（承望）にあることを記している。また、郡に置かれた亭の数が極めて多かったことは、次の尹湾漢簡の記載からもうかがえる[10]。

……
吏員二千二百三人大守一人丞一人卒史九人属五人書佐十人嗇夫一人凡廿七人
集簿　都尉一人丞一人卒史二人属三人書佐五人凡十二人
令七人長十五人相十八人丞卌四人尉卌三人有秩卅人斗食五百一人佐史亭長千
＝一百八十二人凡千八百卌人
……

これは前漢後半の東海郡における吏員数を示した木牘であるが、郡内の全吏員 2,203 人のうち、太守府が 27 人、都尉府がわずか 12 人であるのに対し、佐史・亭長は 1,182 人を占め、都尉の指揮下にある治安維持の少吏がいかに多かったかを示している。亭はその性格上、均等ではな

9）『後漢書』（『続漢書』）百官志 5、3624 頁。
10）尹湾六号漢簿出土木牘 YM6D 正。

いにしても空間的に散開して設置されたであろうから、上述のように都尉府の治所が、太守府の置かれた首邑とは異なる場所に置かれたことが多いのは、散開的配置にもとづいて置かれた亭を統率するという要因が、あるいは影響しているのかも知れない。

また、県の首邑とは別の重要地点に都尉府を設置するということも考えられよう。

> （武帝　太初三（前 102）年）、徙弘農都尉治武関、税出入者以給関吏卒職[11)]。

とあるように、弘農都尉の治所を武関に徙している。都尉には郡の都尉のほかに「関都尉」と呼ばれる都尉があり、重要な関所に置かれたと考えられているが、この記事に関して言えば、弘農都尉の治所が武関に置かれ関都尉となったことによって、弘農郡の都尉が廃止されたということではあるまい。武関に置かれたのは弘農郡の郡都尉であり、それが武関という要衝を直接の管轄下に置いたということであろう。ただ、他の多くの、太守府とは治所を異にする都尉府について、そこに都尉府が置かれた理由が推測できる事例はない。

以上、漢代の地方行政制度における郡都尉について、太守との関係を視野に入れながら、定説的理解を整理し、いくつかの問題点を列挙してきた。これを踏まえて、本稿の目的である「部都尉」をめぐる問題を次に検討したい。

11）『漢書』巻 6・武帝紀、202 頁。

2　部都尉をめぐる問題

『漢書』百官公卿表上には、如上の郡の都尉の記述に続いて

関都尉、秦官。農都尉、属国都尉、皆武帝初置[12]。

として、他の都尉の存在を指摘する。この他にも「都尉」としては護軍都尉、奉車都尉、捜粟都尉などの名称が史書に見られるのだが、本節で取り上げる「部都尉」は制度の明確な規程は残念ながら見いだせない。部都尉の名称は、以下のような形で『漢書』地理志に集中的に現れる。

会稽郡、秦置。……県二十六。呉、……、銭塘、西部都尉治。……、回浦、南部都尉治[13]。

酒泉郡、武帝太初元年（前104）開。県九。禄福、……、會水、北部都尉治偃泉障。東部都尉治東部障。……、乾齊、西部都尉治西部障[14]。

遼東郡，秦置。襄平……無慮，西部都尉治。……候城，中部都尉治。……武次，東部都尉治[15]。

ここでも『漢書』地理志が掲げる部都尉を【地図2】として示しておこう。一見して明らかなように、地理志が言及する部都尉は、北辺～西

12）『漢書』巻19上・百官公卿表上、742頁。
13）『漢書』巻28上・地理志上、1590～1591頁。
14）『漢書』巻28下・地理志下、1614頁。
15）『漢書』巻28下・地理志下、1625～26頁。

【地図２】　前漢の部都尉（『漢書』地理志による）

北辺に集中している。ただ、後にみるように、河西地方では地理志には見られない部都尉の存在が確認されており、地理志の記載は十全ではないことは確実である。

　地理志の示す部都尉には共通点が見て取れる。一つは、【地図１】で見た、太守府とは治所を異にする都尉府とは違って、一郡に複数の都尉府が置かれている場合に、これを部都尉としてその治所を注記している点である。

　もう一つは、地理志に出現する部都尉はすべて「○部都尉」と称され、○には東西南北中の方位が入るという点である。つまり『漢書』地理志に現れる部都尉は「東部都尉」「西部都尉」「南部都尉」「北部都尉」「中部都尉」の５種類だけである。

これは次のような疑念を惹起するかもしれない。すなわち、われわれは「部都尉」と呼称して「東の部都尉」「南の部都尉」のように意識してきたけれども、実は「東部の都尉」「南部の都尉」であり、「部都尉」という呼称は漢代人の意識とはズレがあるのではないかという疑念である。官職としての「部都尉」という名称は、漢代に存在したのか。とくに漢代木簡の出現によって、部都尉でありながら「部」という文字を含まない都尉府、例えば居延都尉府、肩水都尉府などの存在が確認されたことは、この疑念を強めることになったかも知れなかった。

実際には、「部都尉」は漢代木簡にも出現するタームであることが確認されるので、この疑念は当たらないのだが、ここで考えておきたいのは「部」という語の意味である。下に示したのは、漢代西北辺境における組織図である。最末端の烽火台である燧がいくつか束ねられて「部」と呼ばれるグループを形成し、複数の「部」を統括するのが部隊司令部である候官である。「部」を構成する燧は防衛ラインに沿って連続して配置されており、したがって一つの「部」はそれぞれが管掌する地域を有することになる。これを候官の側から見れば、候官が責任を持つ地域がいくつかの部によって分掌されているということである。このような分掌単位を「部」と呼んでいるわけである。

ひるがえって「部都尉」という呼称を考えてみると、通常は一郡を一

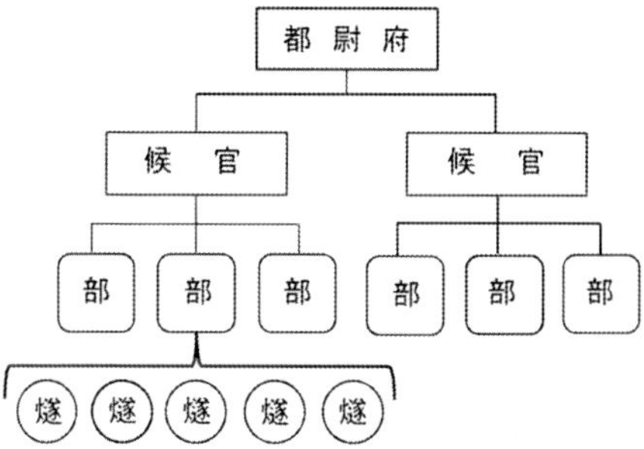

【図1】 漢代西北辺境の組織

都尉府が管掌するところを、複数の都尉府が分掌している場合に、これを「部都尉」と呼称している、ということになる。地理志が掲げる部都尉が、すべて一郡に複数の都尉がある場合に限られているのは、「部」の意味をそのように考えれば至極当然のことなのである。

それを踏まえて前掲の【地図2】をあらためて検討してみると、内郡に複数の都尉すなわち部都尉が置かれないのに対して、漢王朝の疆域の北辺に、東から西まで部都尉が置かれた郡が連続することが見て取れる。『漢書』地理志の記述で、北辺で部都尉が置かれていない郡は、東から玄菟郡・右北平郡・漁陽郡、河西の張掖郡であるが、このうち張掖郡については後述するように複数の部都尉が置かれたことが漢代木簡から確証できる。また武威郡には北部都尉、金城郡には西部都尉、隴西郡には南部都尉のみが地理志に記載されているが、一都尉しか置かれていなければ、その名称はそれぞれ武威都尉・金城都尉・隴西都尉となるはずであり、部都尉として記載されているからには、同郡内に他の部都尉が存在したと考えるべきであろう。廣漢郡の北部都尉、牂柯郡の南部都尉についても同様である。『漢書』地理志の記載する部都尉には脱漏があることは確実であるから、むしろ辺境の郡には郡内に複数の都尉すなわち部都尉が置かれることが一般であったと考えられる[16)]。

ではなぜ辺郡には複数の都尉が設置されるのか。史書は明確にその理由を語らないが、容易に想像されるのは、辺郡の疆域が広大であるために便宜上、空間的な分掌をはかった、匈奴や西南夷など対抗する外部勢力に備えるための軍事的機能の強化を図る上で、都尉を複数設置することが有効であった、などであろう。こうした疆域の広大さと異民族との関係が、辺郡の部都尉の職掌に一定の特殊性を付与したという理解が導かれることになる。後漢の史料であるが、

16）東南の会稽郡に部都尉が置かれたことについては、現時点で明確な回答を筆者は持ち得ていない。

> 中興建武六（30）年、省諸郡都尉、并職太守、無都試之役（劉昭注：應劭曰、毎有劇賊、郡臨時置都尉、事訖罷之）。省関都尉、唯辺郡往往置都尉及属国都尉、稍有分県、治民比郡[17]。

とあり、後漢光武帝の初期に内郡の都尉が廃止された折にも、辺郡では都尉が存続し、しかも配下に県を領して「治民」の任にあったことが記されている。辺郡の都尉には軍事面のみならず「治民」の機能もあり、その点では太守府と変わらない存在であったということである。この体制が後漢初期以降からのものなのか、前漢においてもそうであったのかは実は判然としないのであるが、この記述も含めて、辺郡の都尉について以下のような定説的理解が継承されてきた。

> このように部都尉というものは、漢の郡制下に新らしく入った蠻夷居住地域に置かれたものなのである[18]。

> 部都尉が郡に所属しながらも数県を領し分治するものである以上、それは都尉本来の職掌である武事の管掌ということばかりでなく、治民をも行うものであることは容易に推察し得よう[19]。

> 秦訖漢武帝初、辺疆初郡或但置都尉、不郡守、頗類後漢之属国。蓋初郡蠻夷錯雑、首重軍事、此外更無所事事故也[20]。

ところが近年、こうした辺境の部都尉に関する定説的理解に対して、

17）『後漢書』（『続漢書』）百官志 5、3621 頁）。

18）鎌田重雄『秦漢政治制度の研究』「第六章　郡都尉」、日本学術振興会、1962 年、318 頁。

19）同上。

20）厳耕望『中国地方行政制度史　上編　秦漢地方行政制度』「第三章　郡尉」、中央研究院歴史語言研究所専刊之四十五、1962 年、155 頁。

金秉駿氏から疑問が呈されている[21]。金氏の疑義は整理すると以下のようにまとめられる。

① 部都尉は異民族を主管する特殊機構か
② 部都尉は郡県に比べて穏やかな政策を展開したか
③ 部都尉は郡都尉とは別の特殊組織か
④ 部都尉は異民族の民事を統御する「治民機関」か

①は部都尉とは異民族統治のために置かれたものか、という疑問である。金氏は、

> 元鼎六（前111）年、以爲沈黎郡。至天漢四（前97）年、併蜀爲西部、置両都尉、一居旄牛、主徼外夷、一居青衣、主漢人[22]。

にもとづき、蜀郡に置かれた二つの都尉（すなわち部都尉）のうち、一方は徼外の夷を、他方は漢人を主管したことから、部都尉の統治対象が異民族とは限らないことを指摘した。

②は部都尉の管轄する地域での租税・徭役などが一般の郡県よりも軽かったという理解への疑問である。従来の理解の根拠となっていたのは、

> 冉駹夷者、武帝所開。元鼎六（前111）年、以爲汶山郡。至地節三（前67）年、夷人以立郡賦重、宣帝乃省并蜀郡為北部都尉[23]。

という記事である。郡の管掌下にあると賦税が重いので、部都尉のもと

21）金秉駿「漢帝国の辺境支配と部都尉」、宮宅潔編『多民族社会の軍事統治』、京都大学出版会、2018年、243～256頁。
22）『後漢書』南蛮西南夷列伝76、2854頁。
23）『後漢書』南蛮西南夷列伝76、2857～2858頁。

に移して軽減を図ったということであるが、金氏は、冉駹夷が部都尉に移管されたことで負担の軽減が実現したのではなく、境界を変更して人口稀少な汶山郡から蜀郡に編入することで、軽減が実現したと考えるべきだという。したがって、この史料は部都尉が郡県に比べて穏やかな支配を展開していた根拠にはならないことになる。

③は部都尉と内郡に置かれた通常の郡都尉との間にどのような制度的違いがあるのかということである。金氏は、『漢書』地理志が張掖郡の居延都尉について、居延県の条に「都尉治」と記し部都尉とはしていないのに対し、居延漢簡では居延都尉が部都尉として扱われていることなどから、典籍資料では都尉と部都尉という名称が区別なく使用されていることを指摘し、部都尉は郡都尉とは異なる特殊な機関ではなかった、と結論する。この点については、次節で張掖郡の都尉を検討する際にまた触れることとする。

④は、二つの問題が複合している。すなわち一つは①と関連して、部都尉に異民族統治という機能があるのか、もう一つはそもそも部都尉に「治民」の機能はあるのか、という問題である。周知のように、異民族統治の都尉としては、武帝期から設置された属国都尉がある。その性格は厳耕望氏が「属国所轄、皆爲蠻夷、便習弓馬、善騎射、故属国胡騎爲時所重、與郡兵各別、自成系統[24]」と述べるのに尽きている。したがって、部都尉が異民族統治という職掌を有していたならば、属国都尉とはどこが違うのかという問題が生じてくる[25]。

また部都尉に「治民」の機能があったのか、という点については、前引『後漢書』百官志に「唯辺郡往往置都尉及属国都尉、稍有分県、治民比郡」と見えるように、治民機能の存在を肯定する資料がある。しかし

24) 厳耕望『中国地方行政制度史　上編　秦漢地方行政制度』「第三章　郡尉」、中央研究院歴史語言研究所専刊之四十五、1962年、158頁。

25) 前引（注22）の『後漢書』南蛮西南夷列伝にみられる「置両都尉、一居旄牛、主徼外夷」は、都尉が異民族を管掌した事例となるが、郡における異民族雑居の状況は個別に異なっていたであろうから、この事例についての解釈は今は保留しておきたい。

ながら、その一方、『後漢書』百官志の劉昭注引『漢官儀』には、

> 辺郡太守各将萬騎、行障塞烽火追虜。置長史一人、丞一人、治兵民。當兵行長領。置部尉・千人・司馬・候・農都尉、皆不治民、不給衛士[26]。

とあり、太守府については長史と丞が太守の下で「治兵民」を分掌するのに対し、部尉（すなわち部都尉）については「不治民」と明言している。このように文献の記述が矛盾する以上、問題の探求のためには、木簡史料を加えて部都尉の実際の職掌を検討するほかに方途はない。以下、節を改めよう。

3　張掖郡の部都尉

20世紀に入ってからの敦煌漢簡・居延漢簡など西北辺境出土漢簡の出現は、いわゆる漢代河西地方の軍事行政に大量の新知見をもたらし、河西四郡の部都尉についても典籍資料からはうかがえない詳細な具体像を与えてくれた。そうした木簡資料を取り上げるまえに、まず『漢書』地理志に見える河西四郡の都尉に関する情報を確認しておこう[27]。

> 武威郡、故匈奴休屠王地。武帝太初四年開。莽曰張掖。戸萬七千五百八十一、口七萬六千四百一十九。縣十：……休屠、莽曰晏然。都尉治熊水障。北部都尉治休屠城。……。

> 張掖郡、故匈奴昆邪王地、武帝太初元年開。莽曰設屏。戸二萬四千

26）『後漢書』（『続漢書』）百官志5、3624頁。
27）『漢書』巻28下・地理志下、1612～1614頁。

三百五十二、口八萬八千七百三十一。縣十：……日勒、都尉治澤索谷。莽曰勒治。……番和、農都尉治。莽曰羅虜。居延、居延澤在東北、古文以為流沙。都尉治。……。

酒泉郡、武帝太初元年開。莽曰輔平。戸萬八千一百三十七、口七萬六千七百二十六。縣九：……。會水、北部都尉治偃泉障。東部都尉治東部障。莽曰蕭武。乾齊、西部都尉治西部障。莽曰測虜。

敦煌郡、武帝後元年分酒泉置。正西關外有白龍堆沙、有蒲昌海。莽曰敦德。戸萬一千二百、口三萬八千三百三十五。縣六：敦煌、中部都尉治歩廣候官。杜林以為古瓜州地、生美瓜。莽曰敦德。……廣至、宜禾都尉治昆侖障。莽曰廣桓。龍勒、有陽關、玉門關、皆都尉治。氐置水出南羌中、東北入澤、溉民田。

武威郡には都尉と北部都尉が休屠県に、張掖郡には都尉が日勒県と居延県に、農都尉が番和県に、酒泉郡には北部都尉と東部都尉が會水県に、西部都尉が乾齊県に、敦煌郡には中部都尉が敦煌県に、宜禾都尉が廣至県に、龍勒県の陽関と玉門関には都尉が置かれていたことが記されている。これらに木簡資料で確認できる肩水都尉を加えて地図に示したのが【地図3】である。

地理志の記載方法では、都尉と部都尉の二種類があり、例えば武威郡休屠県の熊水障を治所とする都尉、あるいは張掖郡日勒県を治所とする都尉、居延県を治所とする都尉は、いわゆる部都尉とは別の都尉のように見えるかも知れない。また敦煌郡の陽関・玉門関に置かれた都尉は、『漢書』巻19上・百官公卿表上の「関都尉、秦官。農都尉、属国都尉、皆武帝初置」に見える関都尉とみなされるかも知れない。しかし、実はそうではない。

まず関都尉について。陽関に関しては、「■令府告陽関都尉使者當□時

【地図３】 涼州（河西四郡）の都尉

出□□□□□□時」（79DMT6：55A）という木簡などの存在から、「陽関都尉」が置かれていたことがわかっている。一方、漢の玉門関は敦煌西北の疏勒河下流に位置する小方盤城を含む地点に存在していたが、そこからは

玉門都尉府以亭行
　三月乙丑東門卒琴以来　　　　　　　　（Ⅱ98DY1：17）

という封検（文書の宛名書き）が出土し、この地に玉門都尉府が存在したことが確定した。ここで注意すべきは、名称が「玉門都尉」であって「玉門関都尉」ではないことである。従来玉門関に置かれた都尉は当然関都尉であろうと考えられていたが、都尉の称謂として「玉門関」は現れないのである。ここでは詳論できないが、敦煌漢簡を見る限り、部都尉の一つである玉門都尉の他に、関都尉としての玉門関都尉が置かれたと

いう形跡は存在しない[28]。玉門関におかれた玉門都尉は、名称の上から関都尉とする根拠はないのであり、これが部都尉の一つであった可能性が強いのである。たしかに陽関に置かれた都尉は木簡の示すとおり陽関都尉であったが、これは「関」字を省いたのでは意味を成さないという理由によるものであって、関都尉であるから陽関都尉と称したことにはならないであろう。つまり敦煌郡の二つの関所に置かれた都尉を部都尉と見なしても差し支えはないということである。

では張掖郡についてはどうか。これについては、次の木簡が有力な示唆を与えてくれる。

三月丙午、張掖長史延行大守事、肩水倉長湯兼行丞事、下屬國・農・
＝部都尉・小府・縣官、承書從事
下當用者、如詔書　／守屬宗助府佐定　　　　　　　　（10・32）

これは有名な「元康五年詔書冊」の一簡で、元康五（前61）年に発せられた詔書が張掖郡に到着し、それを張掖太守府が郡内の各官署に下達した詔書下行の簡である[29]。太守府からの下達先として、属国都尉・農都尉・部都尉・小府（太守府内の官署か？）・県官（つまり張掖郡内の各県）が挙げられている。属国都尉については、『漢書』地理志に記載はないが、張掖郡内に張掖属国が置かれたことは他の資料から確認できるし、農都尉は地理志・番和県の条に農都尉の存在が記されていた。ここで注意すべきは部都尉である。

地理志には居延県と日勒県に都尉が置かれていたことが記されている。一方、居延漢簡などからは居延都尉府と肩水都尉府の存在が確認されている。このうち肩水都尉府はA35と呼ばれる大型の城址遺跡がその所在

28）この問題については、藤田高夫「出土簡牘より見たD21遺址の性格」（冨谷至編『辺境出土木簡の研究』所収、朋友書店、2003年）で詳しく論じた（67～68頁）。
29）大庭脩『秦漢法制史の研究』第二章「居延出土の詔書冊」、創文社、1982年、238頁。

地とされている。この木簡は、肩水都尉府の下に置かれた肩水候官遺址（A33 地湾遺址）から出土したものであり、太守府から送られた詔書が肩水都尉府を通じて肩水候官に送達されたもので、したがって木簡に見られる「部都尉」のなかに肩水都尉が含まれることは確実である。居延都尉府についても同様で、

〼□武賢司馬如昌行長史事千人武彊行丞事敢告部都尉卒人謂縣寫重
＝如
〼卒人／守卒史稺守屬奉世 （E.P.T51：202）

には「部都尉の卒人に告ぐ」とあってこの部都尉が居延都尉府を含めて指していることは、この木簡が居延都尉府配下の甲渠候官から出土していることから明らかである。つまり地理志では「都尉」と記載されていた居延都尉府は部都尉の一つなのである。ここで問題となるのは、地理志が記載するもう一つの都尉、すなわち日勒県に置かれていた都尉である。これも部都尉の一つなのであろうか。

それについて、次の木簡を検討してみたい。

「張掖都尉章」
肩水候以郵行
「九月庚午府卒孫意以來」 （74・4）

この木簡は、肩水都尉府配下の肩水候官に送達された文書に付けられていた封検（宛名書き）で、「　」内は文書を受領した肩水候官で追記された部分である。この種の宛名書きへの追記は頻見するが、例外なく文書を封印していた封泥に押されていた印文をそのまま写し取って記入している。つまりこれは発信者の官印の印文である。したがって、この木簡は「張掖都尉」の存在を裏付けていることになる。

内郡に置かれた郡都尉の場合、その治所が太守府とは異なる場合であっても、都尉の名称としては郡名をそのまま冠するものである。例えば先に挙げた弘農郡の場合、都尉府は武関に置かれたが、名称は弘農都尉であった。では張掖郡の郡名をそのまま冠する「張掖都尉」は、内郡に置かれた郡都尉に相当するもので、部都尉とは性格を異にするものであろうかというと、そうではない。「元康五年詔書冊」の下達先を見る限り、「張掖都尉」も部都尉の中に含めて考えなければならない。そうならば、地理志の記載する日勒県の都尉が張掖都尉であったという解釈が導かれる。

行論が少し錯綜したが、張掖郡に存在した都尉府としては、属国都尉・農都尉のほかに三つの都尉府、すなわち居延都尉府・肩水都尉府・張掖都尉府があり、この三つの都尉府はすべて「部都尉」と呼ばれていた、ということなのである。そのように考えると次の木簡に見られる都尉府の名称の解釈も難しくはない。

十二月乙巳張掖肩水都尉□兼行丞事□肩水北部都尉□
〼

（502・10A）

一見すると「肩水都尉」と「肩水北部都尉」が併存していたようにも思えるが、肩水都尉という固有の名称を持つ都尉府は、部都尉としての位置づけが北部都尉でもあったと考えると、この二つを別々の都尉府と見なす必要はなくなるであろう。そのように考えると、敦煌郡の玉門都尉・陽関都尉も、固有の名称はあっても位置づけとしては郡内に複数置かれた部都尉の一つとみなして差し支えないことになる。

ではこのように辺郡に複数置かれた部都尉は、内郡に置かれた郡都尉とは性格を異にするものであろうか。金秉駿氏の呈した疑問では、部都尉は異民族統治も含めた治民機能を有したか、という点に移ろう。

まず、部都尉の職掌が武事に重きを置くことは当然である。辺境において外敵の侵入などがあった場合に、軍事的に対応するのが部都尉の第一の職掌であったろうし、その実例は史書にも確認できる。

> 其年、匈奴復入五原・酒泉、殺兩部都尉。於是漢遣貳師將軍七萬人、出五原[30]。

前漢武帝期の事例であるが、侵入した匈奴に対応したのは部都尉であった。木簡資料では

> 本始元（前73）年九月庚子、虜可九十騎、入甲渠止北……略得卒一人、盗取官三石弩一稾矢十二牛一衣物去。城司馬（都尉府の司馬）宜昌將騎百八十二人、從都尉追
>
> （57・29）

という例があり、侵入した小規模の匈奴に対して都尉府の武官である司馬（おそらくは都尉自身も）が出撃している。

ただ、前漢宣帝期の後半以降、匈奴との関係が安定すると、西北辺境の部都尉の武力行使の活動は木簡資料には出てこなくなる。この状況下の部都尉に関して、野口優氏は、都尉府の下部組織である候官が実質的軍事行政を担うようになった結果、「辺郡の都尉府はより軍事・監察方面に特化した機関」となっていたことを指摘し、さらに当該時期の都尉府は県を領さなかったとしたうえで、両者の関係について「都尉府が自身の管轄区の軍事防衛に専念し、県が軍事機構の行政を補助するという、相互補完的な関係」が生じていたとする[31]。

30）『漢書』巻94上・匈奴伝上、3778頁。

31）野口優「前漢辺郡都尉府の職掌と辺郡統治制度」、『東洋史研究』第71巻第1号、2012年、27頁。

にもかかわらず、部都尉が管轄地域の治民に関わらなかったと断言できないのは、次のような資料があるからである。

建武三（27）年四月丁巳朔辛巳、領河西五郡大將軍張掖屬國都尉融、移張掖居延都
尉。今爲都尉以下奉各如差。司馬・千人・候・倉長・丞・塞尉職、間都尉以便宜財予。從史田吏、如律令。（E.P.F22：70）
六月壬申、守張掖居延都尉曠・丞崇、告司馬千人官、謂官縣。寫移書到、如大將軍
莫府書律令　　掾陽守屬恭書佐豐　（E.P.F22：71）
居延都尉　奉穀月六十石　（E.P.F22：72）
居延都尉丞　奉穀月卌石　（E.P.F22：73）
居延令　奉穀月卌石　（E.P.F22：74）
居延丞　奉穀月十五石　（E.P.F22：75）
居延左右尉　奉穀月十五石　（E.P.F22：76）
●右以祖脱穀給歳竟、壹移計　（E.P.F22：72）

この一連の木簡は、後漢初期に河西を支配した竇融が居延都尉府と居延県の長吏の俸給改定を通知した文書である。注意すべきは、この文書が居延都尉府に伝達され、そこを経由して居延県に通達されていることである。このことは、前引の「元康五年詔書冊」において張掖太守府から都尉府と県とにそれぞれ下達されていたのとは異なっており、文書下達のルートとして見れば、居延県が居延都尉府の隷下にあったことを示唆する可能性がある。

また次の事例も、都尉府と県との関係性を考える上での手がかりを与える。

甲渠候官尉史鄭駿　　遷缺　（E.P.F22：57）

故吏陽里上造梁普年五十　今除補甲渠候官尉史　　代鄭駿
（E.P.F22：58）

甲渠候官斗食令史孫良　　遷缺　　（E.P.F22：59）

宜穀亭長孤山里大夫孫况年五十七 □事 今除補甲渠候官斗令史　代
＝孫良　　（E.P.F22：60）

牒書吏遷斥免給事補者四人人一牒
建武五（29）年八月甲辰朔丙午、居延令　丞審、告尉謂鄉移甲渠候
＝官、聽書從事如律令　　（E.P.F22：56A）

この文書では、居延都尉府管下の甲渠候官における補充人事が、太守府を通過せず、居延県から直接甲渠候官に通知されている。これが問題なのは、従来からの理解では

［民政系統］太守府　——　県廷　——　郷
［軍政系統］都尉府　——　候官　——　部

という二つの統治系統が交わることはないというのが原則とされていたからである。

最後に、辺境の部都尉が異民族統治の任にあたったのかという問題については、否定的見解が一般的である。その理由は、漢人以外の異民族の集住が属国の区域以外に確認できず、属国は属国都尉の管掌下にあって部都尉の管轄外であったということである。たとえば

建武六年七月戊戌朔乙卯▨
府書曰、屬國秦胡・盧水士民、從兵起以來□▨　（E.P.F22：42）

匿之、明告吏民、諸作使秦胡盧水士民畜牧田作不遣。有無四時言●
謹案部吏毋作使屬國秦胡盧水士民者、敢言之　　（E.P.F22：43）

という木簡は、居延都尉府が配下の組織内に「属国秦胡」や盧水の士民を勝手に作使している者がいないか調査を命令したものである。この木

簡からは、属国の異民族がそこを離れて他県などに流入する事態が起こっていたことがうかがえるが、逆に言えば属国以外の県で漢人と異民族とが雑居している状況は想定されていないと考えられる。実際、木簡資料からは、辺境の部都尉管轄区で異民族の存在をうかがわせる資料はない。

4　小結──部都尉史料の問題点

以上、漢代辺境の部都尉をめぐる解釈について、これまでの理解とそれを支えていた根拠について検討してきた。そこで得られた結論は多くはないが、稿を閉じるにあたって、漢代の辺境支配を検討する上で考慮しておかねばならない問題を指摘しておきたい。それは木簡資料の時代性の問題である。

部都尉の治民機能の存否について、これを肯定する『後漢書』百官志の記載も、否定する『漢官儀』の記載も、ともに後漢時代の状況を記したものである。また都尉府と県との関係について本稿でとりあげた二つの冊書（E.P.F22：56A～60、E.P.F22；42～43）はともに後漢・建武初期の竇融時代のものである。

王莽敗滅後の河西地方は、中央の政情不安定を危惧して長安を去り張掖属国都尉となって赴任してきた竇融が「行河西五郡大将軍」として実質的な自立体制をとっていた時代である。更始元（23）年に志願して張掖属国都尉となった竇融が、後漢の建武年号を使用しはじめるのは建武三（27）年以降のことであり、建武八（32）年に隴西の隗囂が討滅されて後漢王朝と河西との直接接触が可能になると、竇融は洛陽に赴いて光武帝に帰属した。つまりほぼ十年間、河西地方は中央とは切り離されて

「自守」の状況にあった[32]。この十年間には、河西と内郡の間のヒトとモノの交流はほぼ絶えていたわけであり、そうした状況の下での河西の都尉府のあり方を一般化するには限界がある。これまでの西北辺境出土木簡を用いた研究において、木簡資料の時代性への認識が希薄であったことは否めないのである。

32）是時酒泉太守梁統・金城太守厙鈞・張掖都尉史苞・酒泉都尉竺曾・敦煌都尉辛肜、並州郡英俊、融皆與爲厚善。及更始敗、融與梁統等計議曰、今天下擾亂、未知所歸。河西斗絕、在羌胡中。不同心勠力、不能自守。權鈞力齊、復無以相率。當推一人爲大將軍、共全五郡。議既定、而各謙讓、咸以融世任河西為吏、人所敬向、乃推融行河西五郡大將軍事（『後漢書』竇融列伝13、796-97頁）。

なお、この時期の竇融政権については別に論じたことがある。藤田高夫「中国西北における中国支配と中国文化—河西地方の場合」『東アジア文化交渉研究』第2号、2009年、181～186頁。

オスマン朝の料理書にみる「饅頭」(マントゥ)とその変容

澤　井　一　彰

はじめに

饅頭は、多くの先行研究によって、現在の中国あるいはその周辺地域に起源を有するとされてきた食物である。また諸説あるものの、日本には鎌倉時代から南北朝時代にかけて、仏教僧によって中国大陸からもたらされたと考えられている。肉食が一般的ではなかった当時の日本においては、当初はおそらく「菜饅頭」のようなかたちで消費されたと思われるが、時代が下るにしたがって砂糖が普及すると、やがて小豆などの餡子を用いた甘味の一種となっていった。そして、こうした変化とともに、元来は外来の料理であったという来歴さえもほとんど忘却され、いつしか「和菓子」の代表格のひとつとされて現在に至っている［赤井2001］。

他方で、少なくとも我が国においては、ユーラシア東部における饅頭の伝播と変遷ほどには知られていないものの、これに類する料理はユーラシアの遥か西方にも伝えられた。名称は各地で異なるものの、その形態が類似するロシアのペリメニ（Пельмени）やジョージア（グルジア）のヒンカリ（ხინკალი）といった料理のほか、後で詳しく見るように、マンタ（ウイグル語 مانتا）、マンティ（カザフ語 Мәнті）、マントゥ（ウズベク語 manti、トルコ語 mantı）など、饅頭（馒头 mántou）という中国語の発音に似た名をもつ食物は、ユーラシア中部から西部にかけての様々な場所にも広く分布している。そして管見の限りにおいては、少なくとも「饅頭」という言葉との関連性が推察される一連の食物の西伝の限界は、おそらくオスマン朝の領域ではないかと考えられるのである。

以上のような饅頭をとりまく歴史的あるいは文化的状況に関連して、オスマン朝やトルコについての食文化史研究を牽引してきた鈴木董は、「マントゥのきた道」と題した一節において、以下のように述べている。

> オスマン食文化の世界でも古典的な食物で少なくとも15世紀後半には存在を確認しうるマントゥは、中央アジアのウズベキスタンにもあるとすると、その名のマントゥは、はるか当方の中国のマントゥすなわち饅頭とかかわりを持つかと思われるが、まだ詳しい研究はないようである。この手の生活文化の東西交渉史は、今後、色々の興味深い事実を明らかとしうるであろう［鈴木 2003：213］。

この小論では、こうした問題意識を踏まえつつ、オスマン朝における「饅頭」すなわちマントゥの製法を様々な料理書や文書史料に依拠しながら詳細にあきらかにする。同時に、そこに見られるユーラシア東部に由来すると考えられる製法上の特徴を指摘することを試みたい。オスマン朝の料理書に明記された、こうした調理についての指示は、食文化がユーラシアの東部から西漸していった際の残滓であるとも考えられ得る。そして最後に、15世紀以来のオスマン朝におけるマントゥと、現代のトルコ共和国で一般的にみられるマントゥの特徴を比較しつつ、調理法や調味上の様々な違いにも言及し、そうした変容がいつ頃、またどのようにして生じることになったのかについても、いくつかの仮説を提示してみたい。

1　中国における饅頭とウイグル料理のマンタ

広く人口に膾炙している伝説によると、饅頭は蜀漢の丞相であり、『三国志演義』にも英雄の一人として登場する諸葛亮孔明（d. 234 年）によって生み出されたとされている。具体的には、220 年頃に行われた雲南遠征からの帰路、瀘水の洪水によって渡河が困難となった際、人身供犠のために人間の頭を水神に捧げるという現地の風習に従わず、羊や豚の肉を、小麦を捏ねたものに包んでその代用としたことが饅頭の起源であるといわれる。そのため、かつては蛮族の頭を意味する「蛮頭」、あるいは神を欺くための「瞞頭」などと書かれていたものが後世、「饅頭」となったとされる［中村 2001：9］。

しかし、この逸話は、11 世紀に北宋で著された高承の『事物紀原』に初出するものであるらしく、良くできた話である一方、歴史的事実であるか否かという点に限れば、その信憑性は極めて低いと言わざるを得ない。ちなみに饅頭については、3 世紀後半の晋代に書かれた束晳の『餅賦』に見られる「曼頭」の語が最古の記録であるとされ、この「曼」の字について中国学の先駆者の一人である青木正兒は、「皮膚のきめが細かく、つやつやしてゐる意味に用ゐられてゐるから、曼頭と云ふ」と述べている［青木 1971：102f.］。

饅頭がいつ頃から存在した料理であるかについては、以上のような中国にまつわる逸話や記録が見られる一方で、それが中国語に由来する食物か否かという点についても、長らく議論が行われてきた。古くは、我が国において中央アジアのイラン系言語に発祥する可能性を指摘した［原田 1949］の他、近年では、テュルク＝モンゴル系言語に起源をもつ料理ではないかと考える［Buell & Anderson 2010］や［Işın 2010］などの先行研究も存在している[1]。

他方で、ユーラシアにおけるテュルク語圏のほぼ東端に暮らすウイグル人たちの料理には、饅頭に類似するマンタと呼ばれる食物があることが広く知られている。上述した先行研究のなかには、ヒジュラ暦466（西暦1072/73）年頃にバグダードにおいて記された、最古のアラビア語＝テュルク語辞書とされるマフムード・アル・カシュガリー（Mahmud al-Kaşgari：d. 1102年頃）による『テュルク語集成』（*Divan Lugat al-Türk*）に収録された「ママタ」（mamata / ماماتا）という語が、マンタの起源として考えられる料理ではないかとする指摘も存在する［al-Kaşgari 1985：445］［Buell & Anderson 2010：111］[2]。

ちなみに、現代のウイグル料理店において供されるマンタについて見れば、豚肉を忌避するウイグル人ムスリムの食習慣に従って、餡には羊肉か牛肉が用いられる点や、米酢、醤油、ゴマ油などを合わせた「つけだれ」に浸しつつ食するという点が、中国で一般に見られる饅頭とは大きく異なる特徴であると考えられる[3]。いずれにせよ、饅頭が中国から西域すなわちウイグル人の居住地に広がり、そこからさらに西漸したのか、あるいは逆に西域のテュルク系あるいはイラン系言語を話す人々によっ

1）一方で、興味深いことに「トルコ語純化運動」（Dil Devrimi）を強く主張したムスタファ・ケマル・アタテュルク（Mustafa Kemal Atatürk：d. 1938年）の肝いりによって、トルコ共和国初期に設立されたトルコ言語協会（Türk Dil Kurumu）が編纂を重ねる「国定辞書」ともいうべき『トルコ語辞典』（*Türkçe Sözlük*）においては、マントゥ（mantı）という単語はトルコ語ではなく「中国語に由来する」（Çinceden）ことが明記されている［Türk Dil Kurumu 2005：1343］。

2）しかし、［Buell & Anderson 2010］が典拠とした［al-Kaşgari 1985］には、この語は「ママタ」ではなく「？」を付して不確実性を明示した上で、「アマタ」（amata? عماتا）と翻字されている。また、同史料における語句説明を見ても「カダユフ（kadayıf：カダイフ）生地のような薄い生地の名である。鶏肉や（羊）肉を油で揚げる際に、油が滴らないように具をこれに巻く。」とあり、あきらかに料理名ではなく「揚げ物の衣」のことを指している。このため私見ではアマタにせよママタにせよ、これが饅頭ないしマンタの直接的な起源であるとは考えにくい。

3）ただし今日の中国、とりわけ華北の諸地域においては、「饅頭」とは一般的には餡が入っていない蒸しパン状の食品を指し、主として豚肉を用いた餡が入れられた肉饅頭については「包子」（パオズ：bāozi）と呼ばれているという［中村 2001：9］。

て生み出された料理がユーラシアの東西へと伝播していったのかは、先行研究においても明確にされていない。この問題は、非常に重要であると同時に複雑でもあるため、紙幅の関係から本稿ではこれ以上踏み込むことはせず、機会があれば改めて論じることにしたい。

以上のような饅頭の起源についての議論を踏まえた上で、ここからは15世紀のオスマン朝において記されたとされる料理書を中心にその内容を分析していく。そして、ユーラシアの西方へと伝わったと考えられる「饅頭」、すなわちオスマン朝で食されたマントゥの実態について具体的にあきらかにしていきたい。

2 オスマン朝の料理書にみる「饅頭」(マントゥ)

オスマン朝はテュルク系ムスリムの遊牧民が主体となって1300年頃にアナトリアの北西部に成立したとされる王朝である。その後、徐々に支配地域を拡大しつつ、14世紀末頃にはルメリ(Rumeli:オスマン朝のヨーロッパ領)に位置するエディルネ(Edirne:かつてのハドリアノポリス)とアナトリア北西部の拠点であったブルサ(Bursa:かつてのプールサ)の両都を中心に、ボスポラス海峡とダーダネルス海峡とを境にして欧亜に跨る広大な領域を形成するに至った[澤井 2021:137-147]。

しかし1402年、中央アジアから来寇したティムールを迎え撃ったアンカラの戦いの結果は大敗に終わり、オスマン朝は一転して分裂と滅亡の危機に瀕することになる。そうした苦難を乗り越え、約10年に及んだ内乱を一応収束させたメフメト1世(Mehmed I:d. 1421年)が1421年に没すると、息子のムラト2世(Murad II:d. 1451年)がその後を継いだ。そして、このムラト2世の治世において、オスマン朝は「帝国」としての体制を一層充実させるとともに、その支配領域もまた、ようやくアンカラの戦い以前の状態に復しつつあったのである[小笠原 2018:

58-79]。

この頃、すなわち上述のメフメト1世からムラト2世の治世にかけて、オスマン朝の宮廷に侍医として仕えた人物が、メフメト（あるいはムハンメト）・ビン・マフムト・シルヴァーニー（Mehmed / Muhammed bin Mahmud Şirvani：d. 1438年頃）と呼ばれる人物であった。その名が示す通り、マフムトという名の者の息子であるメフメト（ムハンメト）は、シルヴァーンに出自を持つ人間であったと考えられる[4)]。しかし、彼自身がどこで生まれたのか、かりにシルヴァーンに生まれたとすれば、いつ頃からオスマン朝にやって来て仕えるようになったのか等の詳細については、ほとんど何も分かっていない［Şirvani 2005：24］。

いずれにしても、このシルヴァーニーという名の宮廷侍医が1420～30年代にかけて著し、時の君主であったムラト2世に献呈したとされる『料理人の書』（*Kitab ü't-tabih*）には、マントゥ（مانتي）という料理が記録されている。ただし、この『料理人の書』の内容のすべてがシルヴァーニーの手によるものかというと、そうではない。先行研究によって詳細にあきらかにされているように、この料理書は、ムハンマド・ビン・アル・ハサン・ビン・ムハンマド・ビン・アル・カリーム・アル・カーティブ・アル・バグダーディー（Muhammad bin al-Hasan bin Muhammad bin al-Karim al-Katib al-Bagdadi）、通称、バグダーディーとして知られる人物によって、ヒジュラ暦623（西暦1226/27）年にアラビア語で書かれた同名の料理書を後年、シルヴァーニーが加筆、修正しつつ、オスマン＝トルコ語に翻訳したものである［Yerasimos 2002：11］。

4）彼のニスバ（出身地や出自を示す形容詞）に用いられたシルヴァーン（Şirvan / شروان）は、コーカサス山脈東部、現在のアゼルバイジャンにおけるカスピ海沿岸地域の歴史的呼称である可能性が高い。ただし知名度では劣るものの、同一の地名は、現在のトルコ南東部に位置するシイルト（Şiirt）県にも古くから存在している。また、イラン北東部のホラーサーン地方にもシールヴァーン（شيروان）という名の歴史ある都市があり、シルヴァーニーがいずれの場所にかかわる人物であるかを確定させることは難しい。このためか、先行研究においても、この点については、ほぼ等閑視されている。ただ、いずれにせよシルヴァーニーが、15世紀中頃のオスマン朝の領域から見ると、遥か東方に出自を持つ人物であったという点には変わりはない。

シルヴァーニーは、バグダーディーの料理書に記されていた約170のレシピをアラビア語からオスマン＝トルコ語に翻訳しただけでなく、各料理についての詳しい効能を追記した。また、これだけにとどまらず、新たに83もの料理と4つの薬、および1つのテリアカ（tiryak）[5]の調理と調薬の方法を自ら書き加えている。さらに、137葉からなる『料理人の書』の現存する唯一の写本は、その末尾が欠落したかのように、唐突かつ不自然に途切れて終えられている[6]。そのため、稿末の箇所が失われる前の原本には、現在知られている数よりも多くの料理や薬が採録されていた可能性が非常に高いと考えられる［Şirvani 2005：39］。

いずれにしても、本論文で検討の対象とするマントゥは、このうちシルヴァーニー自らが追記した料理のひとつとして、114葉6行目から、そのレシピの記述が始められる。以下に、この箇所の全訳を示しておきたい。

マントゥの製法（Sanat-ı Mantı）は、以下の通りである。すなわち、ボレキ（börek / بورك）[7]（の生地）が、トゥトゥマチ（tutmaç / تتماج）[8]

5）一種の解毒薬あるいは万能薬とされるテリアカの、とりわけ中東における伝播と展開については［前嶋 1964］が、現代においても我が国における最も詳しい研究であると考えられる。

6）イスタンブルにあるミッレト図書館（Millet Kütüphanesi）所蔵のAli Emiri Yazmaları Müteferrik 143（旧番号126）の写本がこれに相当する［Şirvani 2005：32］。

7）ボレキは、「トルコ風のパイ」とも言うべき料理であり、甘味としてだけでなく、おかずにもなり得る。チーズ入りや挽肉入り、ほうれん草入りなど、具の種類が非常に多様である［鈴木 2020：102-104］。また、食事の一品としてだけでなく、しばしば軽食としても好まれる。

8）トゥトゥマチについては、前述の『テュルク語集成』にも項目があり、以下のような説明がなされている。「トルコ人たちによく知られた料理である。この料理は、ズー・アル・カルナイン（Zülkarneyn：「双角の者」、すなわち「大王」として知られるアレクサンドロス3世：d. BC323年）が作り出した糧食のひとつである。（中略）（アレクサンドロスの大遠征に付き従った者たちは飢餓に瀕した際に）「我々を空腹のままにするな」という意味である“bizni tutma aç”（بزني تتما اج）と言い、故郷に戻りたいと異議を申し立てたという。（そこで）アレクサンドロスは物知りたちと相談し、この料理を生み出したとされる。（後略）」［al-Kaşgari 1985：452f.］。この逸話も、諸葛亮が饅頭を作り出したという中国の伝説と同様、興味深い一方で歴史的事実である可能性は低い。

のユフカ（yufka / يوفقه）[9]のように切り分けられるように。ただし、これを（トゥトゥマチを作る場合よりも）大きめに切るように。新鮮な雄羊（erkek koyun）の腿肉から細かい挽肉を挽くように。その挽肉の塩を十分に行うように。一定量の、皮を剥いたヒヨコマメ（nohut）に十分な量の胡椒（ıssı ot）[10]をした後に、シナモンを加えるように。挽肉を酢（sirke）とともに捏ねるように。水分を絞るように。酢を絞り切るように。ユフカの中に、事前に潰しておいたヒヨコマメと挽肉をそれぞれ一定量、置き入れるように。包むように。（上部に）小さな口を空けておくように。盆（tepsi）の中に、匙で1、2杯の油（yağ）を注ぎ入れるように。盆に、ひとつひとつ並べるように。（これと同じ）2つ3つの盆を準備するように。広い大鍋の中に碗一杯の水を入れるように。（その後に、その）碗の中にも、なみなみと水を入れるように、（それが盆の中で）動かないように。碗の上に盆を重ねるように。水が溢れて盆を台無しに（melamet）しないように。それぞれの盆の上にも、ひとつずつの碗をさらに置くように。蒸気（buğ）が中に入って（包まれたマントゥを）壊さないように。大鍋の上部に蓋をするように。（大鍋の中の水を）グツグツと沸騰させるように。昼から始めて夜になり、ようやく出来上がる。（大鍋の中の水が）なくなれば、そのたびに水を追加するよう

ただし、こうした記述の存在そのものが、トゥトゥマチが遅くとも11世紀後半の中東では、すでに一般的な料理として認知されていたことを示す証左であるともいえる。ちなみに、現代のトルコ共和国におけるトゥトゥマチは、ワンタンに似て、スープ（tutmaç çorbası）の具材として用いられることが多い［Halcı 2002：247］。一方これとは別に、同名の料理は、茹で上げたトゥトゥマチを汁なしでヨーグルトとともに供する「具なしのマントゥ」に類する形態としても現存している［Şimşek 2002：467］。

9）現代では一般的に、向こう側が透けて見えるほど非常に薄く延ばされた生地を意味し、前述のボレキだけでなく、中東からバルカン半島一帯にかけての代表的な甘味であるバクラヴァ（baklava）の生地としても用いられる。ユフカについての専論としては［Işın 2013］を参照。

10）現代トルコ語では「（黒）胡椒」（kara biber）の語が一般的に用いられる。また、オスマン＝トルコ語ではアラビア語由来のヒュルヒュル（fülfül / فلفل）とも書かれる［Işın 2010：55］。

に。完全に火が通った後に、ニンニク入りの水分を抜いたヨーグルト（süzülmiş sarımsaklı yoğurd）を加えるように。粉末にしたスマック（sumak）[11]を添えて食べるように［Şirvani 2005：232］。

このレシピを見ると、オスマン朝におけるマントゥは、羊の挽肉とヒヨコマメを具材とした一種の「饅頭」であったことが理解される。現在のトルコ共和国で一般に食されているマントゥとの相違点の詳細については後述するが、中国をはじめとするユーラシア東部で見られる「蒸す」という調理法が15世紀におけるオスマン朝のマントゥにおいても踏襲されている点は、注目に値する。また、具に用いられた挽肉は、ウイグル料理のマンタと同様に、ムスリムが多数を占める中東地域で好んで食される羊肉である。一方で、その挽肉を捏ねる際には酢を入れるように指示がなされており、蒸すという製法だけでなく調味の観点からもユーラシア東部との強いつながりを推測させ、興味深い[12]。

一方で、ニンニク入りの水分を抜いたヨーグルトをかけるという記述は、現代のトルコにおけるマントゥの供し方とも共通する特徴である。さらに、最後にスマックを添えるという指示も、必ずというわけではないにせよ、今でも比較的よく目にする光景であるといえよう。

上記のシルヴァーニーによる『料理人の書』は、マントゥについての

11）ウルシ科の植物で、赤い果実を乾燥粉末にし、調味料として用いる。古代から味付けと消化促進のために地中海世界で広く用いられた［Işın 2010：340f.］。スマックの乾燥粉末は、その濃い紫色や強い酸味と香りが、日本における紫蘇の葉を干して粉末加工したものに酷似する［鈴木 2020：170］が、上述のように、紫蘇とはまったく別の植物を原料とする調味料である。

12）ここで記されている酢（sirke）の種類については、史料上の記述からは判然としない。ただし、ユーラシア東部で多用される米酢は、中東や地中海世界では一般的ではなく、同書にもその言及が見られないことから、ブドウを原料とするワインヴィネガーであった可能性が高い。同様に、盆に引くよう指示されている油（yağ）についても、「匙で1、2杯」と記されていることから固形である動物性油脂の可能性は低いが、やはり種類については明示されていない。ただし、同書に記された他のレシピには、ペルシア語に由来するゴマ油（şirlugan / شيرلوغن）という単語が頻出している。しかしながら、現代のトルコでは、液体の植物性油は、オリーヴ油やひまわり油（ayçiçek yağı）などが一般的で、ゴマ油（susam yağı）が調理に用いられることはほとんどない。

オスマン朝における最古の記録であると考えられる。なお、これ以外の料理書としては、作者も成立年代もまったく不明であるものの、先行研究によって16世紀かそれ以前に作成されたと推定されている『食物の書』（*Kitab-ı Mekulat*）があり、同書にもマントゥの調理法は記載されている[13]。この著作におけるマントゥのレシピには、シルヴァーニーによる『料理人の書』の記述との類似点が多い反面、細かな違いも散見されるため、参考までに以下に訳出する。

> マントゥの製法の章（Bab-ı terkib-i mantı / مانطي）。小麦粉を篩って、生地を捏ねるように。薄くユフカを広げるように。型でもって丸く丸く（Kalubıyla değirmi değirmi）（切り抜くように）。（3分の）2が脂身の多い（semüz）、（3分の）1が赤身（arık）の肉を挽肉にするように。ヒヨコマメの皮を剥いて（潰し）、その挽肉に加えるように。その挽肉を丸い生地に置くように。（生地の）周りを集めて結ぶように。（上部の）口は空けておくように。盆に油を入れるように。盆に（準備されたマントゥを）並べるように。大鍋に水を注ぐように。その水の中に五徳（sacayağ）を置くように。用意した盆をマントゥとともに（五徳の上に）置くように。その上に何本かの平べったい木（yassıca ağaç）を置くように。その上に、肌理が細かい薄布（astar）を広げるように。さらにもうひとつ（別）の盆にもマントゥを置くように。このようにして、（盆を）何層にも重ねるように。大鍋の口を閉じるように。生地で（鍋の口の）周りを塞ぐように。中の蒸気（buğ）が（鍋の外に）出ないように。（蒸し上がったら）取り出すように。上からヨーグルトをかけて、食べるように［Kut 2017：70f.］［Altun 2021：59f.］。

13）エーゲ地方の都市マニサ（Manisa：かつてのマグネシア）にある、マニサ県立国民図書館（Manisa İl Halk Kütüphanesi）所蔵の1848番の分類記号をもつ写本［Kut 2017：7］。

上記の『食物の書』における製法をシルヴァーニーの料理書のそれと比較すると、マントゥの生地の形状が丸いこと、挽肉については雄の羊肉という指定がない一方で、脂身の多い肉と赤身肉を２対１の割合で混ぜ合わせていること、具となるヒヨコマメのペーストを挽肉と別にはせず、混合していることなどの細かな相違点が確認される。また、蒸すという調理法そのものは共通しているものの、碗と盆とを単純に積み重ねるというシルヴァーニーのやり方から、五徳や平たい木、さらには薄布などの道具を用いる方法へと、やや洗練された様子も窺うことができる。しかし、そうした微細な点を捨象するならば、両者のマントゥの調理法の間に、それほど大きな違いを見て取ることはできない。

それでは、こうしたオスマン朝におけるマントゥは、どの程度の頻度で作られる料理だったのだろうか。それを知るためのひとつの手がかりとして、前述の『料理人の書』が書かれてから約半世紀後のヒジュラ暦873年ズー・アル・ヒッジャ月（西暦1469年6月11日から7月9日）の日付をもつ、『宮廷厨房支出台帳』(*Defter-i ihracat-ı matbah-ı amire*) を見てみたい[14]。

この台帳は、各種の食料や食器の購入、あるいはそれらの運搬料など、宮廷厨房でなされた様々な支出にかかわる記録である[15]。また、同史料には、購入された食料品の名称に続けて、それをどのような料理に用いた

14) トルコ共和国の政府諸文書館局オスマン文書館 (Devlet Arşivleri Başkanlığı Osmanlı Arşivi) に所蔵され、Kamil Kepeci no. 7270 の分類番号をもつ同史料については、オスマン朝社会経済史研究の泰斗であったオメル・リュトフィ・バルカン (Ö. L. Barkan : d. 1979 年) によって出版されたものを参照した [Barkan 1979]。

15) イスタンブルにおいてオスマン朝君主が主に暮らしたトプカプ宮殿 (Topkapı Sarayı) は、征服後まもない 1450 年代末には造営が命じられたものの、それが一応の完成を見たのは、ようやく 1470 年代末のことであったとされる。一方で、1469 年に作成された同史料には、毎日の支出にかかわる日付の後に「コスタンティニイイェ (すなわち、イスタンブル) の街において」(fi belde-i Kostantiniyye) という記載が見られる。以上の点を踏まえると、同台帳に記録された「宮廷厨房」とは、トプカプ宮殿の完成前に主宮殿として用いられ、後代には先代の君主のハレムに属した女性たちが移されることになる、いわゆる「旧宮殿」(Eski Saray / Saray-ı atik) の厨房を指している可能性が高いのではないかと考えられる。なお、近代以前のオスマン朝における様々な宮殿とその研究史については [川本 2016] が詳しい。

のかという文言が付記されているという特徴を持っている。こうした記述は、この後の『宮廷厨房支出台帳』には見られなくなるため、当時、宮廷厨房で調理されていた具体的な料理名をあきらかにできるという点で、同史料は他にはない高い重要性を有している［Bilgin 2016：441］。

この台帳に記録された支出の各項目に注目すると、ほとんど毎日のように「タマネギとニンニク」（piyaz ve şir）が購入されており、その用途としては「宮廷のマントゥ」（mantı-i hassa）のためである旨が明記されている。加えて、1469年6月18日には、購入されたヨーグルト（mast）の用途として、同じく「宮廷のマントゥ」の名が見られる［Barkan 1979：187–210］。こうした一連の記録は、すでに鈴木も指摘しているように、15世紀後半のオスマン朝宮廷において、連日のようにマントゥが調理されていたという可能性を強く示唆するものであると考えられる［鈴木 2020：188f.］[16]。

次に見るのは、日付が書かれていないために正確な作成年代を確定することができないものの、おそらくは16世紀に属すると考えられている『四季に適した食材について述べられた台帳』（*Fusul-i erbaaya münasib gıdaların beyan edildiği defter*）と名付けられた史料である[17]。同台帳は、その名の通り、季節の変化に応じて健康的に過ごすために、それぞれの時期に適した食材を用いた献立を、季節ごとの曜日順に書き出した一種の「食事リスト」である。このうち、「秋において（定番の献立に）代え

16）ただし、オスマン朝における宮廷厨房という組織と空間は、ただ君主一人のためだけでなく、巨大な宮殿に居住し、またそこで働いた多数の人々に対しても日々の食事を提供していた場であったという歴史的事実は、もっと強調されてしかるべきである。この『宮廷厨房支出台帳』が作成された時期のオスマン朝君主はメフメト2世（Mehmed II：d. 1481年）であったが、おそらく同史料を用いた何らかの著作に依拠して「マントゥは、15世紀にコンスタンチノープルを陥落させたメフメット2世も大好物だった」と速断するような評価［井藤 2019：30, 182］については、より厳密な史料批判に基づいた再検討を行う必要性があると考えられる。

17）トプカプ宮殿博物館文書館（Topkapı Sarayı Müzesi Arşivi）に所蔵され、D. 9599の分類番号を持つ同史料についても1982年に出版されたものを参照した［Sarı 1982］。なお、各季節にかかわるメニューの内容については、［鈴木 2020：93–99］において詳細に紹介されている。

られる食事」（Sonbahar'da değiştirilecek olan yemekler）のひとつとして、マントゥ（mantu / مانتو）が登場する。

ただし、15世紀後半において、オスマン朝の宮廷厨房がマントゥに用いるためのタマネギやニンニクを毎日のように買い入れていたという事実に比べると、後者の史料の中核をなすべき四季の定番の献立においては、そのいずれにもマントゥの名は見られない。マントゥに類似する料理であり、「夏の木曜日」や「秋の日曜日」の定番の献立として記録されたトゥトゥマチと比べても、マントゥは文字通り「代用品」の扱いに留まっている。

こうした変化の理由は明確ではないが、その時代あるいは君主個人による嗜好の違いや、こうした献立を考案していたと考えられる時の宮廷侍医の見解が反映されたものではないかとも推測される。ただ、いずれにせよマントゥは、15、16世紀のオスマン朝において、料理書のみならず、宮廷における食生活に深くかかわる各種の文書史料にもその名が見られるほどに知られ、また食されていた料理であったと結論付けることができよう。

3　トルコ共和国におけるマントゥとその変容

ここからは、現代のトルコにおけるマントゥの実態に言及した後、オスマン朝期のマントゥとの比較を行い、その違いについてもより詳細に検討していきたい。すでに述べたように、マントゥは現在のトルコにおいても比較的よく目にする「伝統的トルコ料理」（Geleneksel Türk Yemekleri）のひとつとなっている。イスタンブルのような大都市においても、トルコ各地の郷土料理を提供するレストランや、庶民的な食堂とも言うべきロカンタ（lokanta）で供されることがある一方で、近年ではマントゥの専門店も広く展開されている［鈴木 2003：212f.］。また、スーパーマーケットなどでは、後でも詳しく言及する、古くからの保存食として知られる「干しマントゥ」（kuru mantı）の他に、冷蔵や冷凍された「即席マントゥ」（hazır mantı）も各種販売されている。

このように、今ではイスタンブルでも様々なマントゥを食する機会があるものの、マントゥそれ自体は、基本的には各地方における郷土色の強い料理であった。なかでも、とりわけマントゥが名物料理として知られている街に、アナトリア中部の都市カイセリ（Kayseri：かつてのカエサレア）がある。トルコでは各地方に多様なマントゥが存在しているものの、ただ単に「マントゥ」というと、一般的には「カイセリ・マントゥ」（Kayseri mantısı）を意味することが多い。もっとも2002年に行われた研究報告では、「本場」であるカイセリにおいてだけでも実に8種類ものマントゥが確認されており、いわゆる「カイセリ・マントゥ」は、ご当地カイセリにおいては「肉入りマントゥ」（etli mantı）として紹介されている［Budak 2002：73］。

いずれにせよ、上述のようにマントゥの製法や調理法については、地方によって多くの細かな違いが確認される。そこで本稿では、一種の「公定レシピ」ともいい得る例として、1993年にトルコ政府文化省[18]によって発行された『トルコ料理の実例』（*Türk Mutfağından Örnekler*）に採録されたマントゥの作り方（6人前）を訳出し、比較の対象としたい。

> 550gの小麦粉を広口のボウルに取り、40gを取り分けて、残りの小麦粉には大匙1杯の塩を入れて、かき混ぜる。その小麦粉の真ん中に穴を作り、卵2個を割り入れ、120ccの水を少しずつ加えて、硬めの生地を作る。7、8分捏ねてから3等分し、湿らせた布巾で覆って10分ほど休ませる。タマネギ2個を剥いて洗い、微塵切りにす

18）トルコ共和国文化省（T.C. Kültür Bakanlığı）は、2003年に同観光省（T.C. Türizm Bakanlığı）と統合された結果、トルコ共和国文化観光省（T.C. Kültür ve Türizm Bakanlığı）となって現在に至っている。

る。パセリ3分の1束も洗って、微塵切りにする。このタマネギとパセリ、大匙半分の塩と胡椒を250gの挽肉に加えて混ぜ込む。3等分した生地の1つに(取り分けておいた残りの)小麦粉を振って、1mmの厚さになるまで広げる。それを2cm角の小片に切り分ける。各小片に小さじ半分ほどの具を置き、四方から包んで頂点を結ぶ。他の2つの生地も同様に準備し、鍋に水2Lと大匙1杯半の塩を入れ、沸騰させる。(沸騰した湯に)用意したマントゥを入れて、時々かき混ぜながら、15～20分茹でる。その間にトマト1個を洗って、別の鍋にすりおろし、60gのマーガリンを加え、5分ほど熱した後に大匙半分の赤唐辛子を加える。その間に6片のニンニクをすりおろして660gのヨーグルトと混ぜ合わせる。供する際には、(茹で上がった)マントゥの上にニンニク入りのヨーグルトをかけ、その上からトマトソースを回しかける[Baysal 1993:252]。

以上は、現代のトルコにおいて一般的に知られているマントゥの調理法である。このレシピを、オスマン朝期のそれとあらためて比較してみたい。

まず生地そのものについては、卵と塩を加えるか否かという違いはあるものの、小麦粉を主原料とする点では、基本的に同様のものである。一方で、その厚みや、切り分けられた一片の大きさについては、シルヴァーニーの料理書には「大きめに切るように」という指示以上の具体的な記載がないため、単純に比べることはできない。ただし、少なくとも現代におけるカイセリ・マントゥは、トルコ各地で見られる様々なマントゥのなかでも際立って小粒であることが、その特徴として知られており、トルコの他の地域のマントゥと比べても大ぶりなウイグルのマンタやウズベキスタンのマントゥと比較した際には、大きさの違いはさらに歴然である[19]。

次に具の内容について、15世紀中頃の『料理人の書』においては雄羊の挽肉とヒヨコマメのペーストを合わせたものとされているが、現代のマントゥには牛挽肉とタマネギが用いられている[20]。もっとも15世紀後半の宮廷支出簿にはマントゥに関連して、タマネギ、ニンニクおよびヨーグルトが大量に購入されており、このうちタマネギについては具の材料であったと考えられる。逆に、現代のトルコにおいても、例えばブルサ地方のマントゥには、15世紀の製法と同様、挽肉とともにヒヨコマメのペーストが入れられているので、シルヴァーニーが紹介したレシピがまったく廃れてしまったというわけでもないようである［Koşay 1961：144］。なお、肉の臭み消しについては、15世紀の宮廷においてはシナモンが用いられていたのに対して、現代のレシピではパセリが使われている[21]。

しかし、15世紀における具の調味法において、とりわけ注目に値するのは、すでに述べたように、あらかじめ挽肉を酢で揉みこんでおき、後によく絞り切るようにという指示である。この「挽肉をマリネする」と

19）かつてカイセリでは、母親が息子の嫁選びをする際に、花嫁候補がマントゥをどのように作るのか、具体的には、匙の中に何個のマントゥを入れられるかで、その技量の良し悪しを判断したという。トルコを代表するマントゥである「カイセリ・マントゥ」が、小さければ小さいほど良いと考えられていることを示すひとつの逸話である［Budak 2002：69］。ちなみに、多くの料理人を輩出することで著名な北西アナトリアの都市ボル（Bolu）における「肉入りマントゥ」のレシピでは、延ばした生地の一片を10 cmに切り分けるように指示がなされており、これは上で示した「カイセリ・マントゥ」の5倍の大きさになる［Bolu Belediyesi 2015：45］。

20）［Baysal 1993］では、単に「挽肉」（kıyma）とのみ記されているが、現代のトルコで一般的に挽肉にされるのは牛（dana：1歳までの牝牛）であるため、本稿でもそのように解釈した。もちろん仔羊（kuzu）の挽肉を用いることも不可能ではないが、牛挽肉に比べると高価である。また個人的な経験でも、羊の挽肉はスーパーや肉屋には常備されておらず、個人が家庭用に少量を注文しても、羊肉が大型挽肉機の中に残ってしまうために嫌がられることも多い。

21）パセリ（maydanoz）は、日本でイタリアンパセリとして知られているものに近く、小さな花束ほどの束（demet）で売られているため、現代のレシピにおける分量の指示も「3分の1束」となっている。また、カイセリではパセリの代わりに紫色が鮮やかなレイハン（reyhan）と呼ばれるバジルの一種が用いられることもある［Özdem 2002：553f.］。

いう行為は、現代の製法においては、ほとんど見られない『料理人の書』における際立った特徴であろう。ウイグルのマンタには、「つけだれ」の原料に米酢が用いられているので、それとの関連においてはユーラシア東部の系譜をひくものとも考えられるが、この際に用いられた酢については、ウイグルと同じ米酢ではなくオスマン朝において一般的なワインヴィネガーであったと考えられる22)。

以上の諸点に加えて、出来上がったマントゥの上に、食べる直前にかけられる「ソース」についても比較しておきたい。すでに述べたように、マントゥの上からすりおろしたニンニクを混ぜ込んだヨーグルトをかけるというレシピは、約600年の時を超えた共通性を有しており、興味深い。あるいは中央アジアからアナトリア、さらにはルメリへと綿々と継承されてきた、ある種の「遊牧的伝統」が調味の点においても反映された結果であるとも推察される。

いわゆる「漢地」に接し、食文化の点でも中国本土との間で直接的な影響を相互に与えあってきたと考えられるウイグル料理におけるマンタが、米酢、醤油およびゴマ油からなる「つけだれ」を用いるのに対して、遊牧的生活様式がより色濃く反映されるカザフ料理のマンティにはサワークリームが、ウズベク料理とトルコ料理のマントゥではそれぞれヨーグルトが使用されるようになったと推測することも可能ではあろう。オアシス定住民による農耕作物を原料とする「つけだれ」と、遊牧民の主たる食料である乳製品とでは、一見すると互いの形態や素材は大きく異なる。しかし一方で、風味という点に注目するならば、とりわけ強い酸味と油分を加味するという目的の類似性、あるいは連続性を指摘することもできるのではないだろうか。

マントゥにニンニク入りのヨーグルトをかけた後にも、時代や地域に

---

22) 前述の『宮廷厨房支出台帳』においても酢は相当な量が購入されている。ただし基本的な調味料であるためか、特定の料理のためという記載はなく「宮廷用」(be cihet-i hassa) とのみ記されている [Barkan 1979 : 193, 198, 209]。

よってはさらに「最後の仕上げ」が行われることがある。具体的には、シルヴァーニーの料理書では、粉末にしたスマックを添えるように指示がなされている。これと同様に、現代のカイセリにおけるマントゥの調理法においても、最後にスマックを振りかけることが報告されている［Budak 2002：73］。ただし、この点については地方によって微妙な違いがあり、例えばトルコ共和国の首都アンカラやトルコ南部の都市アダナの事例では、スマックの代わりに乾燥ミント（kuru nane）が用いられることもあるようである［Toygar 1999：161］［Artun 1994：31］。

イスタンブルを中心として現在、より一般的に目にするのは、熱した油脂をそのまま、あるいはトマトや唐辛子を入れて色味や酸味、あるいは辛味を付加した「調味だれ」を回しかけるという方法である。前述の「公定レシピ」においては、マーガリンを加熱したところにトマトのすりおろしを入れ、さらに赤唐辛子を加える手法が紹介されている。もっとも、より伝統的な調理法においては人工的油脂であるマーガリンよりもバター（tereyağı）が好まれ、近年では健康志向を受けて動物性油脂を避け、オリーヴ油やヒマワリ油などの植物油が選択されることもある。

また、トマトは上述のように生果がすりおろされて用いられる場合と、サルチャ（salça）、より正確には「トマト・サルチャ」（domates salçası）と呼ばれる、保存のためにペースト状に煮詰められた一種の調味料が使われる場合とがある［Toygar 1999：161］［Artun 1994：31］。ただし、現在のように季節を問わず新鮮なトマトが入手できるようになる以前の時代において、とりわけトマトが旬を過ぎた秋口から翌春にかけての時期には、保存食であるサルチャが用いられることがより一般的であったと考えられる。

油脂を熱したところにトマトや赤唐辛子を加えると、色味は透き通った鮮やかなオレンジ色に変化する。また、味についても、油分と酸味、辛味が入り交じったものとなり、いずれの特徴もウイグル料理のマンタに用いられる「つけだれ」の特徴を髣髴とさせなくもない。ただし周知のように、トマトは唐辛子とともにアメリカ大陸に起源を有する植物である。そのため、15 世紀中頃のオスマン朝において記されたシルヴァーニーの料理書にこれらの食材の名がまったく見られないことは、食文化史の文脈においてはごく当然の帰結であろう。

最後に本稿を締めくくるにあたって、15、16 世紀のマントゥと現代のマントゥの調理法を比較した際の、最大の相違点について考察しておきたい。それは、かつてのマントゥには蒸すという調理法が指示されているのに対して、現在では茹でる方法が一般的に採用されているという問題である。現代のトルコにおいては、何らかの食品を蒸して調理するという手法は、ほとんど目にすることがない[23)]。また、少なくとも現在のトルコでは、蒸し料理は欧米的な健康志向に基づく新習慣であり、時に外資系ホテルの朝食ビュフェなどで供される「蒸し野菜」（buharda sebze pişirme / haşlama）などを除けば、一般的にユーラシア東部の食文化、具体的には中華料理に見られる調理上の特徴を強く連想させるものであると考えられる[24)]。

では、オスマン朝におけるマントゥは、いつ頃から、またいかなる理由によって、蒸す調理法から茹でる方法へと変化するようになったのだろうか。その画期や要因を確定させることは困難であるが、すでに取り上げたシルヴァーニーの『料理人の書』や著者不明の『食物の書』以降に著されたオスマン朝における様々な料理書に見られる記述の変遷をたどりながら、その手掛かりを探ってみたい。

すでに鈴木も述べているように、オスマン朝の後期において書かれた

23）例外的に、魚料理を中心に用いられる「蒸し物」（buğlama：ブーラマ）と呼ばれる料理の類型ないし調理法は存在する。ただし、これも湯を沸かして水蒸気によって食材を蒸し上げるという一般的な「蒸し物」ではない。ブーラマは、魚や野菜を密閉して調理することで素材自体の水分をとじ込め、それによって「蒸し煮」にする手法である。

24）トルコにおける食物学の第一人者で、上で引用したトルコ政府文化省から出版された『トルコ料理の実例』の編著者でもあるアイシェ・バイサル（Ayşe Baysal：d. 2016 年）には「トルコ料理と中華料理との比較」と題された短い論文がある。しかし残念ながら、そこには蒸す調理法の比較はもとより、その有無についての言及も一切なされていない［Baysal 2001：27-33］。

著名な料理書としては、18世紀中頃のカーディー（kadı：イスラーム法官）の手になる通称、『料理小冊』（*Yemek Risalesi*）がある。しかし、そこにはマントゥの名は見られず、後で見るようなそれに類する料理も採録されていない。もっとも同書で取り上げられているのは、合計しても127種類のレシピに過ぎず、スープに至ってはわずか4種類の記載しか見られない。このため『料理小冊』は、無名の著者が特に選んだレシピを集めたものであると考えられ［鈴木 2003：125f.］、残念なことにマントゥはそこには含まれていないのである。

さらに時代が下ると、オスマン朝においても伝統的な写本による料理書に加えて、刊本による料理書が登場する。その最古のものである『料理人たちの避難所』（*Melceü't Tabbahin*）は、西洋式の司法医学校の教員であったメフメト・キャーミル（Mehmed Kamil）という人物によって、ヒジュラ暦1260（西暦1844）年に出版された。しかし、同書においてもマントゥの名を冠した料理は収録されていない。ただし、マントゥと同様に小麦粉の生地を小片に切り分け、その中に挽肉を入れて包んだ料理のレシピが、「タタル・ボレイ」（Tatar böreğı）という名のもとに記載されている。そして、そこには「（前略）大き目の鍋の中で水を沸かし、その中に（準備したタタル・ボレイを）放り込むように。十分に茹で上がったら、穴が開いたザル（kevgir）で湯切りし（後略）」と記されていることからもあきらかなように、蒸すのではなく、茹でるという調理法が明示されているのである［Kamil 2015：92, 261］[25)]。

オスマン朝において、タタル（Tatar / تاتار）という言葉は、一般にクリミア半島や中央アジアにおけるテュルク＝モンゴル系の人々を指し、タタル・ボレイとは彼らの食文化に由来する「ボレキ」を意味する。す

25）茹でる調理法によるタタル・ボレイは、『料理人たちの避難所』が出版されて四半世紀以上が経過した1880年に、同じくイスタンブルで石版本として出版された著者不明の『新料理書』（*Yeni Yemek Kitabı*）でも紹介されている。なお、同書においてもマントゥという名の料理は見られない［Samancı 2017：33,73］。

なわち、タタル・ボレイは、中央アジアからもたらされたという来歴を、その名でもって示唆する料理であるとともに、すでに述べたように、シルヴァーニーの『料理人の書』におけるマントゥのレシピにも記載されているボレキ、すなわちダンプリング(dumpling)やパイの一種ということになる[Şirvani 2005:232]。

タタル・ボレイと呼ばれる料理もまた、マントゥと同様に、トルコ各地に様々な形態のものが現存している。そのため、タタル・ボレイをマントゥと同一の料理であると軽々に断定することは、乱暴な議論になりかねない。ただし、アンカラ大学のマフムト・テズジャン(Mahmud Tezcan)は、「テュルク料理文化における各種のパンと生地料理」と題した論考において、この点に関連して「中央アジアにおいてこの料理をマントゥという。(アナトリアを含む)他の場所においては「タタル・ボレイ」とも言われ、非常に多くの種類がある。(中略)カイセリのマントゥのように。」と述べている。仮にこの見解に従うならば、このふたつの料理の間の境界線は極めて不明瞭であると考えることもできる[Tezcan 1994:82]。

いずれにしても、上述のように少なくとも『料理人たちの避難所』が出版された19世紀中頃のオスマン朝においては、マントゥに類するタタル・ボレイは「茹で料理」として一般に認識されていた可能性が高い。他方で、ユーラシア東部に由来する「蒸し料理」としてのマントゥとその調理法が、この頃のオスマン朝においては途絶え、完全に茹でる方法へと移行していたのかというと、ことはそれほど単純ではない。

なぜなら、『料理人たちの避難所』の出版から半世紀以上が経過した1914年に、黒海に近いトルコ北部のメルズィフォン(Merzifon)においてアルメニア語で刊行された料理書である『新料理人』(*Նոր խոհարար / Nor Khoharar*)には、「大盆マントゥ」(Sini Mantısı)と呼ばれる料理が記載されており、その調理法は茹でるのではなく、「蒸し焼き」にすることが指示されているからである[26]。同書においては、挽肉とタマネギ、パセリに香辛料を加えた具を包んだマントゥを、油を敷いた大盆（sini）に並べた後、穴が開いたおたま（kepçe：レードル）で上から油を振りかけて、焼きあがるまで窯（fırın：オーヴン）に入れ、そこに水あるいは（牛か鶏でとった）だし汁（et suyu）をかけ入れて、さらに15分ほど蒸し焼きにするという製法が記されている［Piranyan 2008：71f.］。シルヴァーニーの『料理人の書』などで見られた大鍋で蒸しあげるという調理法とは異なり、ここでは一旦、窯に入れて焼いてから、水か出汁をかけ入れて蒸し上げるという方法がとられてはいるものの、『料理人たちの避難所』にあった単に茹でるという手法に比べると、『新料理人』のレシピには、ユーラシア東部に見られる蒸す調理法の名残を垣間見ることができるようにも思われる。

さらに上記の『新料理人』の出版から12年が経過した1926年、第一次世界大戦に敗れて解体されたオスマン朝はすでに無く、トルコ共和国へと政体が転換した後のイスタンブルにおいて、アルメニア文字を用いたトルコ語で公刊された『料理全書』（*Mükemmel Yemek Kitabı*）でも、マントゥは紹介されている[27]。その調理法は、「油を敷いた盆（tepsi）に（マントゥを）並べて、窯で焼かねばならない。その後、取り出して、その上に熱いだし汁（et suyu）を回しかけた後、炉（mangal：グリル）で汁が無くなるまでコトコト蒸し煮し、（その上から）ニンニク入りのヨ

26）著者のボース・ピランヤン（Boğos Piranyan）は、その名が示す通りアルメニア系の人物であるが、その詳しい経歴については不明である。ピランヤンは、アメリカ人宣教師によってメルズィフォンに設立されたミッション・スクールであったアナトリア・カレッジ（Anadolu Koleji）において、1896年から1915年まで18年間にわたって料理人を務めていることから、その間の経験がこの著作にも反映されているものと推察される［Pianyan 2008：9］。

27）著者のヴァーイナグ・ピュラド（Vağinag Pürad d. 1972年）は、トルコ東部のカフラマンマラシュ（Kahamanmaraş）県に生まれたアルメニア系の人物である。生後まもなく、家族とともにイスタンブルに転居し、カイロやヴェネツィアで学んだ後、エジプト、レバノン、シリアなどで出版事業を起こした。その後、ソヴィエト連邦の一部となったアルメニア共和国に移住して教員となり、その首都エレヴァンで死去したとされる［Pürad 2010：1］。

ーグルトを注ぎかけねばならない。」というものであった［Pürad 2010：202］。この記述もまた、トルコ共和国初期のイスタンブルにおいてでさえも依然として、「蒸し焼き」あるいは「蒸し煮」によるマントゥの調理法が伝存していた証左として非常に興味深い事例を提供している。

加えて、こうした「蒸し焼き」によるマントゥの存在は、少なくとも地方においては現代でも確認することができる。例えば、マントゥが名物であるカイセリ県に位置するデヴェリ郡（Develi İlçesi）においては「盆マントゥ」（Tepsi mantısı）という名で蒸し焼きの手法によるものが見られる［Yılmaz 1996：116f.］。他にも、黒海沿岸地域の西部にあるキュレ（Küre）では、自家製のマントゥを特注の銅製の盆に並べた後に、街区のパン焼窯に持ち込んで蒸し焼きにするという「キュレ・マントゥ」（Küre mantısı）が知られるなど［Abdulkadiroğlu 2002：509-511］、蒸し焼きによるマントゥは、現在のトルコ各地においても郷土料理として散見されるのである。

このように、「蒸し料理」としての系譜を引き継ぐかのような各種のマントゥが、地方の郷土料理や伝統的料理として一部の地域で残存している一方で、繰り返し述べてきたように、現在のトルコにおけるマントゥは、一般的に「茹で料理」とされるようになって久しい。その理由については、確たる史料的根拠を示すことが難しいために、あくまで推測の域を出ないものの、以下にいくつかの仮説を提示しておきたい。

最も蓋然性が高い要因としては、そもそもオスマン朝においては、蒸すという調理法そのものがそれほど一般的なものではなく、とりわけ時代が下るにしたがって、より一層、特殊な方法となっていったことが考えられる。実際、15 世紀に記されたシルヴァーニーの『料理人の書』においてすら、蒸す調理法によって作られる料理はマントゥ以外には紹介されておらず、この点については 16 世紀頃までに成立したと考えられている著者不明の『食物の書』においても同様である[28]。このことを踏まえると、すでに見てきたように、マントゥは15、16世紀のオスマン朝においては、少なくとも宮廷では比較的よく食されていた事実が確認される一方で、調理法については、その当時としても例外的であった「蒸す」というユーラシア東部に由来する手法が用いられた特殊な料理であった可能性が高いのである。

では、蒸すという方法が、茹でる調理法へと変化したそれ以外の要因については、どのようなことが推測され得るだろうか。ひとつには、すでに見てきたタタル・ボレイによる影響が考えられる。前述のようにタタル・ボレイは、その実態がマントゥに酷似する料理である一方で、蒸すのではなく茹で上げて食すという決定的な相違点を有している。また、その歴史についても、19世紀中頃の『料理人たちの避難所』にその名が見られることを考慮するならば、少なくとも200年程度は遡ることができるという意味において、それほど新しい料理でもない。オスマン朝では、15世紀においてでさえも特殊であった「蒸す」というユーラシア東部に由来する調理法が徐々に用いられなくなる一方で、マントゥとタタル・ボレイとが混同され、あるいは同じような料理として認識されることによって、元来は「蒸し料理」であったはずのマントゥもまた、いつしかタタル・ボレイのように「茹で料理」へと変化していったのではないだろうか。

さらに別の要因としては、保存食としてのマントゥ、すなわち現在においても比較的よく目にすることが多い「干しマントゥ」の存在を指摘しておきたい。これは、作り立ての、いわば「生マントゥ」を乾燥させ

28）ただし、ほとんど唯一の例外として、18世紀の『料理小冊』で初めて紹介された「水無しキョフテ」（Susuz köfte）が挙げられる。「叩かれたもの」、「挽かれたもの」すなわちミンチを意味するペルシア語のクーフテ（کوفته）に由来するキョフテ（köfte：肉団子）は、一般的にグリルで調理されることが多い。しかし「水無しキョフテ」は焼くのではなく、鍋の中に水と油を満たした碗を置き、蒸して調理される「蒸し肉団子」である［Şereflioğlu 1985：55］。なお、同じ料理は、1844年刊行の『料理人たちの避難所』にも掲載されている［Kamil 2015：79, 281］［鈴木 2020：118］。

ておき、食べたい時に茹でて供する一種の保存食である。その大きさや風味は、イタリア料理におけるラヴィオリの一種であるトルテッリーニ（Tortellini）に近い。

本稿では、紙幅の関係から、干しマントゥの起源や伝播にまで考察の対象を広げることはできない。しかし仮に、マントゥを乾燥させて保存するという習慣がそれほど新しいものでないとするならば、トルテッリーニと同様に、茹でることでしか食べる手段のないこの干しマントゥが時とともに単にマントゥと呼ばれるようになり、それと並行して作り立てのマントゥもまた、いつしか蒸すのではなく、干しマントゥと同様に茹でて食べられるようになったという可能性は考えられ得る。そして、製造時に可能な限り早く乾燥させるだけでなく、調理に際しても、より短時間で茹で上げるために、トルコの、とりわけその代表格ともいうべき「カイセリ・マントゥ」の大きさは、ウイグルや中央アジアのそれと比べても極小化することになっていったとは考えられないだろうか。

おわりに

ここまで、オスマン朝の料理書や文書史料における記述を分析しながら、そこに見られる「饅頭」すなわちマントゥの変容とその要因について考察してきた。中国あるいはその周辺地域にその起源を有すると考えられる饅頭は、広大なユーラシアを東西に横断するかたちで、その遥か西方に位置したオスマン朝にまで伝播した。そして、現代の我が国における饅頭が伝統的な「和菓子」の代名詞として認識されるようになっていったのと同じく、オスマン朝に伝えられた饅頭は、現在においても、マントゥという名の「伝統的トルコ料理」あるいは、アナトリアの「郷土料理」のひとつとして、広く人々に親しまれているのである。

15世紀中頃に成立したシルヴァーニーの『料理人の書』におけるマン

トゥの製法を見ると、イスラーム的な食の規範とそれに基づくムスリムによる食習慣に適合するように、餡に用いられる肉は、豚肉ではなく羊肉とされているなど、中国における饅頭とは一定の違いがすでに確認される。一方で、ユーラシア東部において一般に見られる調理法である「蒸す」という手法は、少なくとも15、16世紀におけるオスマン朝の料理書に記されたマントゥのレシピにおいても確実に継承されていた。

しかしその後、「蒸し料理」としてのマントゥは一部地方の郷土料理を例外として、一般的にはほとんど見られなくなり、マントゥはもっぱら「茹で料理」として認識され、また調理されるようになって現在に至っている。その要因としては、マントゥに類似しながらも蒸すのではなく茹でて料理されるタタル・ボレイの存在や、やはり茹でて調理される保存食としての「干しマントゥ」による影響が推察される。

本稿においては、マントゥの変容にかかわる歴史的経緯については、オスマン朝において書かれた料理書や文書史料に依拠して考察してきた。一方で、現在におけるマントゥの広がりや変容に関しては、実地調査についての制約によって、トルコ共和国に見られる例を中心として論じざるを得なかった。しかしながら周知のように、かつて三大陸に及んだオスマン朝の最大版図は、トルコ共和国の国土のわずか3パーセントを占めるに過ぎないヨーロッパ、すなわちトラキア地方の国境を遥かに超え、バルカン半島の広い領域に達するものであった。

オスマン朝のバルカン支配について研究する黛秋津は、「バルカンにおける食文化と帝国的秩序」と題した論考において、イシュケンベ・チョルバス（İşkembe çorbası）、キョフテ（Köfte）、シシ・ケバブ（Şiş kebabı）、バクラヴァといった各種の料理を取りあげつつ[29]、バルカン半島の旧オスマン朝領内の各地における「トルコ料理」の分布についての

29）イシュケンベ・チョルバスは、主に牛の胃袋を具材としたスープであり、シシ・ケバブは、主として羊肉を金属製の串（şiş）に刺してグリルで炙る焼肉（kebap）の一種である。

予備的考察を行っている［黛 2010］。一方、3年近くに及んでいる新型コロナウイルスの世界的な蔓延が続くなか、バルカン半島を対象とした詳しい実地調査は、いまだ果たせていない。ただし他方で、例えば旧ユーゴスラヴィア諸国においても、「饅頭」すなわちマントゥの一形態であると考えられる料理が存在すること自体は、すでに確認することができている[30)]。今後は、文献史料のさらなる渉猟と現地調査とを組み合わせつつ、ユーラシアにおける「饅頭」西漸の痕跡をバルカン半島においても確認するとともに、饅頭が西へと伝播していった歴史的経緯そのものについても、より実証的に研究していきたい。

【参考文献】

Abdülkerim Abdulkadiroğlu, "Batı Karadeniz Mutfak Kültürü," M. Sabri Koz, (ed.), *Yemek Kitabı*, İstanbul, 2002, pp. 477–536.（「黒海西部の料理文化」）

Nesrin Altun, *Kitab-ı Me'kulat* (*Yiyecekler Kitabı*), İstanbul, 2021.（『食物の書』）

Erman Artun, "Adana Mutfak Kültüründe Ekmekler ve Hamurişi Yemekler," *Türk Mutfak Kültürü üzerine Araştırmalar*, no. 2, 1994, pp. 17–39.（「アダナの料理文化におけるパンと生地料理」）

Ö. L. Barkan, "İstanbul Saraylarına ait Muhasebe Defterleri," *Belgeler*, 9 (13), 1979, pp. 2–380.（「イスタンブルの諸宮殿についての会計台帳群」）

Ayşe Baysal (ed.), *Türk Mutfağından Örnekler*, Ankara, 1993.（『トルコ料理の実例』）

———, "Türk ve Çin Mutfağının Karşılaştırılması," *Türk Mutfak Kültürü üzerine Araştırmalar*, no. 7, 2001, pp. 27–33.（「トルコ料理と中華料理との比較」）

Arif Bilgin, "Saraydan Düğüne Fatih Dönemi Sofraları," *Fatih Sultan Mehmed Han ve Dönemi*, Bursa, 2016, pp. 440–448.（「宮廷から祝宴まで、メフメト2世期の食卓」）

Bolu Belediyesi Bolu Araştırmaları Merkezi, *Aşçılar Diyarından Bolu Lezzetleri,* Bolu, 2015.（『料理人の国から、ボルの美味美食』）

---

30) 現在のセルビアとモンテネグロに跨るサンジャク（Sandžak / Санџак）地方の中心都市ノヴィ・パザル（Нови Пазар）には、マントゥに類似するマンティイェ（mantije）という名物料理が存在する。旧ユーゴスラヴィアのコソヴォ出身で、イスタンブルにおける大統領府オスマン文書館に長らく勤務したアイテン・アルデル（Ayten Ardel）による教示に深く感謝する。

Nurten Budak, Habibe Şahin, Betül Çiçek, "Kayseri Mantıları," *Türk Mutfak Kültürü üzerine Araştırmalar*, no. 9, 2002, pp. 69-76.（「カイセリの各種マントゥ」）

Paul D. Buell, Eugene N. Anderson, *A Soup for the Qan: Chinese Dietary Medicine of the Mongol Era, As Seen in Hu Sihui's Yinshan Zhengyao*, Leiden, 2010.

Nevin Halcı, "Türk Halk Mutfağı," M. Sabri Koz, (ed.), *Yemek Kitabı*, İstanbul, 2002, pp. 233-260.（「トルコの民衆料理」）

Priscilla Mary Işın, *Osmanlı Mutfak Sözlüğü*, İstanbul, 2010.（『オスマン朝料理辞典』）

———, "Yufka," Mark McWilliams, (ed.), *Wrapped & Stuffed Foods: Proceedings of the Oxford Symposium on Food and Cookery 2012*, Totnes, 2013, pp. 222-228.

Mehmed Kamil, (Günay Kut, Turgut Kut, eds.), *Melceü't-Tabbahin: İnceleme, Metin, Tıpkıbasım*, İstanbul, 2015.（『料理人たちの避難所―研究、テキスト、ファクシミリ―』）

Mahmud al-Kaşgari (Besim Atalay trs.), *Divanü Lugat-it-Türk Tercümesi*, vol. 1, Ankara, 1985.（『テュルク語集成訳注』）

Hamit Zübeyr Koşay, *Anadolu Yemekleri ve Türk Mutfağı*, Ankara, 1961.（『アナトリアの各種食事とトルコ料理』）

Günay Kut, "On the Additions by Şirvani to his Translation of a Cookery Book," *First International Food Congress*, Ankara, 1988, pp. 176-181.

———, *Kitab-ı Me'kulat: Bilinmeyen bir Osmanlı Yemek Kitabı*, İstanbul, 2017.（『食物の書―知られざるオスマン朝料理書―』）

Filiz Özdem, "Kayseri'den İstanbul'a Yerel Tadlar," M. Sabri Koz (ed.), *Yemek Kitabı*, İstanbul, 2002, pp. 550-558.（「カイセリからイスタンブルへの地元の味」）

Mria Pia Pedani, *La Grande Cucina Ottomana*, Bologna, 2012. (Maria Pia Pedani, (Gökçen Karaca Sahin, trs.), *Osmanlı'nın Büyük Mutfağı*, Ankara, 2018.)（『オスマン朝の偉大な料理』）

Boğos Piranyan, (Takuhi Tovmasyan, trs.), *Aşçının Kitabı*, İstanbul, 1914, rep. 2008.（『料理人の書』、原題『新料理人』）

Vağinag Pürad, (Zafer Yenal, ed.), *Mükemmel Yemek Kitabı*, İstanbul, 1926, rep. 2010.（『料理全書』）

Özge Samancı, (ed.), *Yeni Yemek Kitabı*, İstanbul, 1880, rep. 2017.（『新料理書』）

Nil Sarı, "Osmanlı Sarayında Yemeklerin Mevsimlere göre Düzenlenmesi ve Devrin Tababetiyle İlişkisi," *Türk Mutfağı Sempozyumu Bildirileri 31 Ekim-1 Kasım 1981*, Ankara, 1982, pp. 245-257.（「オスマン朝宮廷における食事の季節的順列と同時代の健康との関係」）

Nejat M. Seferlioğlu, (ed.), *Türk Yemekleri: XVIII. Yüzyıla ait Yazma bir Yemek Risalesi*, Ankara, 1985. (『トルコ料理―18世紀の写本『料理小冊』―』)

Esma Şimşek, "Kadirli (Osmaniye) Mutfağı ve Mahalli Yemekler," M. Sabri Koz (ed.), *Yemek Kitabı*, İstanbul, 2002, pp. 453-476. (「カディルリ(オスマニイェ) 料理と地元の食事」)

Muhammed bin Mahmud Şirvani, (Mustafa Argunşah, Müjgan Çakır, eds.), *15. Yüzyıl Osmanlı Mutfağı*, İstanbul, 2005. (『15世紀のオスマン朝料理』)

Mahmud Tezcan, "Türk Mutfak Kültüründe Ekmekler ve Hamurişi Yemekler," *Türk Mutfak Kültürü üzerine Araştırmalar*, no. 2, 1994, pp. 78-85. (「テュルク料理文化における各種のパンと生地料理」)

Kamil Toygar, *Ankara Mutfak Kültürü ve Yemekleri*, Ankara, 1999. (『アンカラの料理文化と各種食事』)

Türk Dil Kurumu (ed.), *Türkçe Sözlük* (10. baskı), Ankara, 2005. (『トルコ語辞典』)

Stefanoz Yerasimos, *Sultan Sofraları: 15. ve 16. Yüzyılda Osmanlı Saray Mutfağı*, İstanbul, 2002. (『君主の食卓―15、16世紀におけるオスマン朝宮廷料理―』)

Hülya Yılmaz, "Kayseri İli Develi İlçesi Geneleksel Mutfağından Örnekler," *Türk Mutfak Kültürü üzerine Araştırmalar*, no. 3, 1996, pp. 100-130. (「カイセリ県デヴェリ郡の伝統料理の実例」)

青木正児「唐風十題(七) 饅頭」『青木正児全集』第8巻、春秋社、1971年、102-103頁

赤井達郎「羊羹と饅頭―菓子の文化誌(8)―」『茶道雑誌』2001年4月号、2001年、50-56頁

井藤聖子『トルコ料理の誘惑』現代企画室、2019年

小笠原弘幸『オスマン帝国―繁栄と衰亡の600年史―』中央公論新社、2018年

川本智史『オスマン朝宮殿の建築史』東京大学出版会、2016年

澤井一彰「オスマン帝国と地中海世界」小林功(ほか編)『地中海世界の中世史』ミネルヴァ書房、2021年、137-168頁

鈴木董『トルコ』(世界の食文化9) 農文協、2003年

鈴木董『食はイスタンブルにあり―君府名物考―』講談社、2020年(初版1995年)

中村喬「中国の點心と饅頭」『和菓子』No. 8、2001年、7-12頁

原田淑人「中国粉食の起源」『日本學士院紀要』7-2、1949年、101-108頁

前嶋信次「テリアカ考(二)」『史学』37巻3号、1964年、11-49頁

黛秋津「バルカンにおける食文化と帝国的秩序―オスマン帝国の支配とトルコ料理の分布との相関関係―」『食生活科学・文化及び環境に関する研究助成研究紀要』25、2010年、119-126頁

双龍戯珠型螭首の変遷について
── 中国の調査例を中心に ──

篠　原　啓　方

はじめに

筆者は、東アジアの石碑の様式に関心を持ち、各地で調査を行ってきたが、最近、特に元代ごろに登場すると考えられる「双龍戯珠」の意匠を有する螭首様式の伝播と変容について、私見を述べた[1)]。本稿では、この双龍戯珠型螭首のうち、中国の調査例を紹介し、そのおおまかな変遷について述べる。

1　双龍戯珠型螭首について

「双龍戯珠」とは、中央の宝珠と、宝珠を取りまく２頭の龍で構成される意匠を指す語である。双龍は二龍、戯珠は争珠とも呼ばれるが、本稿では「双龍戯珠」の語で統一する。また宝珠の周囲から立ちのぼる意匠は瑞気や火焔と呼ばれるが、本稿では瑞気の語で統一する。双龍戯珠型の螭首には、彫刻の技法において「高浮彫」と「額内陽刻」の２つがあり、前者は元代、後者は明代に多く見られ、その変化が王朝交替期に起

1）篠原啓方「双龍戯珠型螭首からみた文化交渉─朝鮮・中国の例を中心に─」『東アジア文化交渉研究』15、2022

こったと考えられる[2]。本稿においても便宜上、この語を引き続き用いる。

2　双龍戯珠型螭首の事例

本稿で扱う双龍戯珠型螭首は、主に筆者が山東と北京周辺で調査した例である[3]。前稿においては、朝鮮の例との比較から山東・曲阜における元代の事例のみを考察したが、本稿ではそれ以外の作品について調査地域別に挙げていく。なお、螭首の面については、図版が１つの場合は碑陽側であり、上下に２つある場合は上が碑陽側、下が碑陰側である。

当然のことながら、双龍戯珠型螭首の例はこれに尽きるものではなく、その結論ははなはだ暫定的ではあるが、今後の研究に一定の方向性を示すことはできると考える。

2-1　孔廟

1）御製孔子廟碑（1468、成化４）

碑首は碑身と別途に製作され、碑身の上部にはめ込まれたものである。

【碑陽】左右の龍はほぼ対称をなすが、左龍は口を閉じ、右龍はやや開いている。頭部は碑額上方の両端あたりから宝珠を向き、前足のある位置で大きく身体をひねり、身体をくねらせながら尾を上部に伸ばす。足はそれぞれ４本

図１

2）篠原啓方、前掲論文（2022）、425頁

3）調査にあたっては、現魯東大学外国語学院講師である朱紅軍先生に大変お世話になった。記して謝意を表する。

が表現されている。身体が大きく、碑首の上部と左右の辺に接している。宝珠は彫りの深い球形で、宝珠の周囲から７本の瑞気が立ちのぼる。碑額には篆書で「御製／孔子／廟碑」と陰刻されている。それ以外の空間は雲文で埋められている。

【碑陰】左右対称の構図であるが、龍の頭部が碑額上部の両端に位置する点、碑陽において龍の頭部が表現された位置に大きな雲文がある点、宝珠の下部に渦巻状の線文が表現されている点などが異なる。

2）御制孔子廟碑（1503、弘治 16）

碑首は碑身と別途に製作され、碑身の上部にはめ込まれたものである。

図２

【碑陽】左右の龍はほぼ対称をなすが、左龍の顔は側面観で口を開き、右龍の頭部は斜め上から見た表現である。頭部は碑額上方の両端あたりから宝珠を向き、前足のある位置から大きく身体をひねり、身体をくねらせながら尾を上部に伸ばす。足はそれぞれ４本が表現されている。身体が大きく、碑首の左右の辺に接している。宝珠は彫りが浅く中央に円形の線文があり、宝珠の周囲から７本の瑞気が立ちのぼる。碑額には篆書で「御製孔／子廟碑」と陰刻されている。それ以外の空間は雲文で埋められている。

【碑陰】碑陽と同じ左右対称の構図であるが、碑額上部が直線ではなく台形をなす点、頭部がいずれも斜め上から見た表現である点、宝珠が碑首の最上部中央に位置する点などが異なる。

3）大明詔旨碑（1503、弘治16）

図3

碑首は碑身と別途に製作され、碑身の上部にはめ込まれたものであるように見える。

【碑陽】左右の龍はほぼ対称をなすが、左龍は口を開き、右龍は口を閉じているように見える。頭部は碑額上方の左右あたりから宝珠を向き、前足のある位置から大きく身体をひねり、身体をくねらせながら尾を上部に伸ばす。足はそれぞれ4本が表現されている。身体が大きく、前足が下辺に、身体が左右の辺に接している。宝珠は彫りが浅く、下部に数本の線文が表現され、宝珠の周囲から7本の瑞気が立ちのぼる。碑額には篆書で「大明／詔旨」と陰刻されている。それ以外の空間は雲文で埋められている。

【碑陰】碑陽とほぼ同じ構図である。碑額に文字はない。

4）御製重建孔子廟碑（1504、弘治17）

図4

碑首は碑身と別途に製作され、碑身の上部にはめ込まれたものである。

【碑陽】左右の龍はほぼ対称をなすが、左龍の頭部は上面観、右龍の頭部は側面観である。頭部は碑額上方の両端あたりから宝珠を向き、前足のある位置で大きく身体をひねり、身体をくねらせながら尾を上部に伸ばす。足はそれぞれ4本が表現されている。身体が大きいが上下左右の辺には接していない。

宝珠は彫りが浅く、上部には線文がめぐらされ、宝珠の周囲から７本の瑞気が立ちのぼる。碑額には篆書で「御製重建／孔子廟碑」と陰刻されている。碑首の下部両端には山文らしき表現が見られる。それ以外の空間は雲文で埋められている。

【碑陰】碑陽とほぼ同じ意匠であるが、龍の頭部は左右ともに側面観である点、右龍の口が開いている点、宝珠の線文が下部に表現されている点などが異なる。

2-2　孔林

1）奉天誥命碑（1456、景泰 7、1410、永楽 8、1425、洪熙元）

碑首と碑身が同じ石材で製作された一体型である。

図 5

左右の龍はほぼ対称をなすが左龍は口を開き、右龍は閉じている。頭部は碑額中央の両端あたりから碑額の上方にある宝珠を向き、前足のある位置で大きく身体をひねり、身体をくねらせながら尾を上部に伸ばす。足はそれぞれ４本が表現されている。身体は大きく、尾が額の上辺に、身体は額の左右両端に接している。宝珠は彫りの浅い球形で、文様がなく、周囲から７本の瑞気が立ちのぼる。碑額は碑首の下辺と接しておらず、篆刻で「奉天誥命」と陰刻されている。碑首の下辺には山文があり、それ以外の空間は雲文で埋められている。

2）孔彦縉神道碑（1458、天順 2）

肉眼観察によると、碑首と碑身は同じ石材で製作された一体型のように思われる。

【碑陽】左右の龍はほぼ対称をなす。頭部は碑額上部の両端あたりから碑額の上方にある宝珠を向く。前足のある位置で大きく身体をひねって頭部と蟠結し、身体をくねらせながら尾を上部に伸ばす。足はそれぞれ４本が表現されている。身体は小ぶりで、額には接していない。円形の宝珠には文様がなく、宝珠の周囲から６本の瑞気が立ちのぼる。碑額の下部は碑首の下辺と接しておらず、碑首の下部全体に山文が表現されている。碑額は篆書で「故襲封衍／聖公孔公／神道碑銘」と陰刻されている。

図６

3）61 代襲封衍聖公南谿先生墓碑（1507、正徳２）

碑首は碑身と別途に製作され、碑身の上部にはめ込まれたもののように思われる。

左右の龍は非対称である。左龍の頭部は碑額下部の左端あたりから碑額の上部を向き、前足のある位置で大きく身体をひねり、身体をくねらせながら尾を上部に伸ばす。右龍の頭部は碑額の右上方にあって左方を向き、身体をくねらせながら尾を下部に伸ばす。足はそれぞれ４本が表現されている。身体は小ぶりである。宝珠がない点はやや特殊である。碑額は碑首の下辺に接しておらず、篆書で「大明」と陰刻されている。碑首の下部両端には山文らしき表現が見られ、それ以外の空間は雲文で埋められている。

図７

4）62代襲封衍聖公成菴先生墓碑（1556、嘉靖35）

図8

碑首は碑身と別途に製作され、碑身の上部にはめ込まれたものである。

左右の龍はほぼ対称をなす。頭部が碑首上部の両端にあって碑首の上部中央にある宝珠を向き、頸のあたりで身体を大きくひねり、身体をくねらせながら尾を下部に伸ばす。2頭ともに足は前足の2本のみで、身体の中間からは数本の鰭のような表現があり、尾も鰭の形をしている。身体は大きく表現されており前足の一部が碑首両端の縁に接している。宝珠は円形で、上部に4本の線文があり、宝珠の周囲からは11本の瑞気が立ちのぼる。碑額は碑首の下辺に接しておらず、篆書で「大明」と陰刻されている。碑首の下部両端には山文らしき表現が見られ、それ以外の空間は雲文で埋められている。

5）63代襲封衍聖公可亭先生墓碑（1561、嘉靖40）

図9

碑首は碑身と別途に製作され、碑身の上部にはめ込まれたものである。

左右の龍はほぼ対称をなし、口を開いている。頭部は碑額上方の左右あたりから碑額の上にある宝珠を向き、前足のある位置で大きく身体をひねり、身体をくねらせながら尾を上部に伸ばす。足はそれぞれ4本が表現されている。身体は大きく表現され、身体が碑首の左右の縁に、前足が下部の縁に接している。龍の鱗は扇形ではなく四角形をなす。宝珠は彫りが浅く、2本の線文があり、下部から2本の瑞気が枝分かれしながら上方に立ちのぼる。碑額は篆書の陰刻で「大明」とある。それ以外の空間は雲文で埋められ、山文はない。

6）64代襲封衍聖公龍宇先生墓碑（1631、崇禎4）

図10

碑首は碑身と別途に製作され、碑身の上部にはめ込まれたものである。

左右の龍は非対称で、左龍の頭部は碑額上部の左端あたりから上方を向き、前足のある位置で大きく身体をひねり、身体をくねらせながら尾を上部に伸ばす。右龍の頭部は碑額の右上方から宝珠を向き、身体をくねらせながら尾を下部に伸ばす。鱗の多くは扇形ではなく四角形に近い。足はそれぞれ4本が表現されている。身体は大きく、左龍は前足が下辺に、身体が左の辺に、尾が上辺に接している。宝珠は彫りが深く、碑首中央の最上部にあり、円の中心から瑞気が渦を巻いて下部に至り、そこから2本に分かれ、一つは下方に、もう一つは宝珠の左半分を囲むように伸びあがる。碑額は碑首の下辺に接しておらず、篆書で「大明」と陰刻されている。

碑首の下部両端には山文らしき表現が見られ、それ以外の空間は雲文で埋められている。

7）64代誥贈衍聖公玄宇先生墓碑（1642、崇禎15）

碑首は碑身と別途に製作され、碑身の上部にはめ込まれたものである。

左右の龍はほぼ対称をなし、口を開いている。頭部は碑額上方の両端あたりから宝珠を向き、前足のある位置で大きく身体をひねり、身体をくねらせながら尾を上部に伸ばす。鱗は四角形に近い。身体は大きく表現され、前足が下辺に、身体が左右の辺に接している。足はそれぞれ4

本が表現されている。宝珠は彫りが深く、円の中心から渦巻状の線文がめぐらされる。また円の中心から１本の瑞気が宝珠の右半分を取り巻くように立ちのぼる。碑額は碑首の下辺と接しており、楷書で「大明」と陰刻されている。碑首の下部には山文が表現され、それ以外の空間は雲文で埋められる。

図 11

8）65 代太子太傅襲封衍聖公對寰先生墓碑（1649、順治 6）

碑首は碑身と別途に製作され、碑身の上部にはめ込まれたものである。左右の龍はほぼ対称をなすが左龍は口を開き、右龍は閉じている。頭部は碑額上方の左右から上を向き、前足のある位置で大きく身体をひねり、身体をくねらせながら尾を上部に伸ばす。鱗は扇形をなし、足はそれぞれ４本が表現されている。身体は大きく表現され、前足が下辺に、身体が額の左右の辺に接している。宝珠は彫りが浅く、円の中心から２本の瑞気が渦巻状に表現され、一つは左へ、もう一つは右上へと伸びていく。碑額は碑首の下辺に接しており、上部が台形をなし、篆書で「大清」と陰刻されている。碑首下部の両端には山文らしき表現が見られ、それ以外の空間は雲文で埋められている。

図 12

9）奉天誥命碑（1476、成化 12）

碑首は碑身と別途に製作され、碑身の上部にはめ込まれたものである。浮彫式で、左右の龍はほぼ対称をなす。頭部は碑額上部の両端あたりから碑額の上方にある宝珠を向き、前足のある位置で大きく身体をひねって伸びあがり、碑首上部中央で互いに蟠結し、尾を反対側の下部へと伸ばす。足は前足が２本、後足が１本ずつ表現されている。宝珠は彫りが浅く文様がなく、周囲から７本の瑞気が立ちのぼる。碑額に文字はない。宝珠の下方と碑首の下辺にのみ雲文が施される。

図 13

2-3　顔廟

1）御製兗国復聖公新廟之碑（1441、正統６）

碑首は碑身とは別の石材で製作されている。

【碑陽】左右の龍はほぼ対称をなし、頭部は碑額中央の両端あたりから碑額を向き、前足のある位置よりもやや前で大きく身体をひねり、身体をくねらせながら尾を上部に伸ばす。足はそれぞれ４本が表現されている。身体は細身かつ小ぶりで、額の辺には接していない。宝珠は彫りが浅く、下部には線文が４本あり、宝珠の周囲から 11 本の瑞気が立ちのぼる。碑額は篆書で「大明敕賜／兗国復聖／公新廟碑」と陰刻されている。それ以外の空間は雲文で埋められている。

図 14

【碑陰】碑額には文字がない。龍や雲文の意匠は碑陽のものとほぼ同じである。

2）御製顔子廟重修碑記（1509、正徳 4）

図 15

碑首と碑身の隙間がほぼなく、一つの石材から作られた一体型と思われる。【碑陽】左右の龍は非対称で、左龍の頭部は碑額中央の左方から口を開いて上を向き、前足のある位置で大きく身体をひねり、身体をくねらせながら尾を上部に伸ばす。

右龍の頭部は碑額の右上方にあり、口を閉じて上を向き、身体をくねらせながら尾を下部に伸ばす。足はそれぞれ 4 本が表現されている。身体は細身だが大きく表現され、左右の辺に接している。宝珠は彫りが浅く、碑首中央のほぼ最上部にあり、下部は雲に覆われ、上部に数本の線文がある。宝珠の周囲からは 5 本の瑞気が立ちのぼる。碑額は碑首の下辺に接しておらず、篆書で「御製顔子廟／重修碑記」と陰刻されている。碑首の下部には山文が左右に広がり、それ以外の空間は雲文で埋められている。

【碑陰】碑陽とほぼ同じ意匠であるが、碑額に文字がない。

2-4　岱廟

岱廟螭首

展示室内に置かれていたもの。碑首の下部が確認できず、碑身と一体であったかどうかは不明。浮彫式で、左右の龍はほぼ対称をなす。頭部は碑額の上方で向き合って上を向き、碑首下部の両端で大きく身体をひねって伸びあがり、碑首の上部中央で互いに蟠結し、尾を反対側の下部へと伸ばす。この蟠結において、曲阜型の多くは左龍の身体が前に出るが、この螭首は右龍が前である[4]。足は、頭部の上でつかみ合う後足が１本ずつ確認されるが、その他は不明である。宝珠は、頭部の上でつかみ合う後足の中にあるものと思われる。碑額の文字は篆書の陰刻であるが、摩耗のため判読し難い。碑額の周囲と碑首の下辺にのみ雲文が施される。

図 16

2-5　青州市博物館

1）青州市博螭首 A

高浮彫式で、キャプションには「龍首碑額　元代」とある。碑首の下部が確認できず、碑身との関係は不明である。

【碑陽】左右の龍はほぼ対称をなす。頭部は碑額の上方で向き合って上を向き、碑首下部の両端で大きく身体をひねって伸びあがり、碑首の上部中央で互いに蟠結し、尾を反対側の下部へと伸ばす。蟠結は左龍の身体が前に出るもので、曲阜型に多く見られる。足は、前足の位置は不明であるが、頭部の上で宝珠をつかむ足が１本ずつ確認される。宝珠は、後足の中にあり、文様の有無は摩耗により不明である。宝珠の上方には微かに瑞気の表現が確

図 17

4）篠原が「曲阜型」と呼ぶ浮彫式螭首のうち、初期の作品のみが岱廟のそれと同じ蟠結方法である。篠原啓方（前掲論文、2022）、427 頁

認される。碑額の文字は篆書の陰刻であり、4文字目が欠けているが「皇元加［封］／大成至［聖］／文宣王［碑］」と判読される。碑額の両端に雲文らしき表現が見られる。

【碑陰】碑陽とほぼ同じ構図であるが、欠落が激しく不明な点が多い。碑額に文字はない。

2）青州市博螭首B

キャプションには「元代碑額」とある。碑首と碑身が一体型であるかは不明。浮彫式で、碑首は下半分が欠落している。

【碑陽】左右の龍はほぼ対称をなす。頭部は碑額の上方で上を向く。下部は欠落しているが、他の事例と同様、両端で大きく身体をひねって伸びあがるものと判断される。身体は碑首上部中央で互いに蟠結し、尾を反対側の下部へと伸ばす。中央の蟠結においては右龍の身体が前に出る。足は、頭部の上で宝珠をつかむ足が1本ずつ確認される。宝珠は彫りが浅く、後足の中にあり、文様は確認できない。宝珠の周囲から数本の瑞気が立ちのぼる。碑額の文字は確認できない。

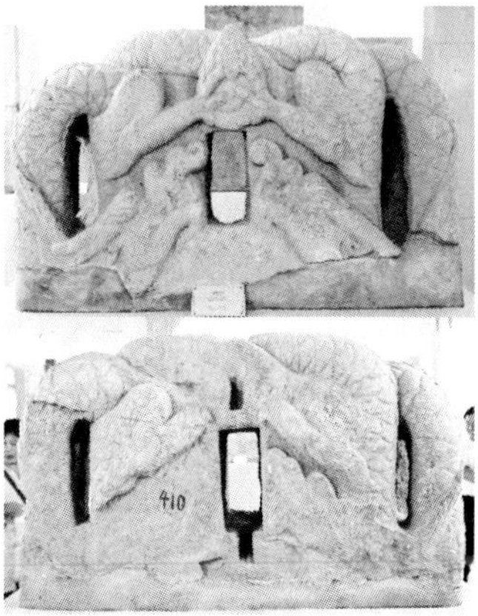

図18

【碑陰】欠落部分が多いが、碑陽とほぼ同じ構図である。

2-6　巨野文廟

1）済寧監路冀公去思之頌碑螭首（元代か）

浮彫式で、碑首と碑身が同じ石材から製作された一体型である。

【碑陽】左右の龍はほぼ対称をなす。龍の頭部は碑額の両端に接して上方を向き、碑首下部の左右で大きく身体をひねって伸びあがり、もう一方の龍の身体と蟠結しつつ尾を反対側に伸ばす。足は、後足が碑額の上方で宝珠をつかみ、前足は１本が頭部の背後から上に伸び、もう１本が下に伸びている。宝珠は後足の中にあり、文様はなく、上部から１本の瑞気が上方に伸びあがる。碑額には篆書で「済寧監路冀／公去思之頌」と陰刻されている。

断碑であり、碑身には上から10文字程度が確認でき、擡頭して「皇元」「聖旨」の文字が確認され、元代の内容が記されたものであることが分かる。

【碑陰】碑陽とほぼ同じ構図である。碑額に文字はない。碑身にも文字が確認される。

図19

2）巨野文廟螭首（1929、中華民国18）

碑首と碑身が同じ石材で製作された一体型である。浮彫式で、左右の龍はほぼ対称をなす。頭部は碑額上方の左右から口を開いて宝珠を向き、前足のある位置で大きく身体をひねって上方に伸びあがり、数回蟠結しながら尾を反対側に伸ばす。足は、碑首下部の左右に伸びる前足と、宝珠をつかもうとする足の２本が確認されるが、後者が前後いずれの足であるのかは不明

図20

である。宝珠は彫りが深く、上部先端が尖っており、1本の瑞気が伸びあがる。碑額に文字はない。碑額の上に雲文らしきものがあり、碑額の左右から斜め下に伸びる文様は山文を思わせる。全体的につくりが粗い。碑身の最後の行に「中華民国十八年三月吉日」の文字がある。

2-7　荷沢市博物館

1）荷沢市博野外螭首 A

碑首の下部が確認できず、碑身と一体型であるかは不明である。浮彫式で、左右の龍はほぼ対称をなす。頭部は碑額上方の左右で口を開いて宝珠を向き、前足のある位置で大きく身体をひねって上方に伸びあがり、数回蟠結して尾を反対側に伸ばす。足は、碑首下部の左右に伸びる前足と、宝珠をつかもうとする足の2本が確認されるが、後者が前後いずれの足であるのかは不明である。宝珠は彫りが浅く、中央に線文が数本あり、上部から1本の瑞気が立ちのぼる。碑額の文字は楷書の陰刻で「万世／流芳」とある。碑額の周辺に雲文が若干表現されている。全体的につくりが粗い。

図 21

2）荷沢市博野外螭首 B

碑首の下部が確認できず、製作方法は不明である。浮彫式で、左右の龍はほぼ対称をなす。頭部は碑額上方の左右で口を開いて宝珠を向き、前足のある位置で大きく身体をひねって上方に伸びあがり、数回蟠結しながら尾を反

図 22

対側に伸ばす。足は、碑首下部の左右に伸びる前足と、宝珠をつかもうとする足の２本が確認されるが、後者が前後いずれの足であるのかは不明である。宝珠は彫りが浅く、中央に線文が数本あるが、瑞気は確認できない。碑額には篆書で「万世／流芳」とある。雲文は碑額の上方に若干確認される。全体的につくりが粗い。

2-8　明帝陵

1）長陵明楼碑螭首

図 23

碑首と碑身は同じ石材で製作された一体型である。長陵は永楽帝（在位 1402 ～ 1424）の陵であるが、現存する明楼碑には「成祖文皇帝之陵」の文字がある。永楽帝は死亡時に「太宗」の諡号を贈られたが、嘉靖 17 年（1538）に「成祖」に改められており、それ以降の立碑であることが分かる[5]。

【碑陽】左右の龍はほぼ対称をなし、頭部は碑額中段の両端で口を開いて上方を向き、前足のある位置で大きく身体をひねり、身体をくねらせながら尾を上部に伸ばす。足はそれぞれ４本が表現されている。身体は細身である。宝珠は彫りの浅く小ぶりの球形で、正面の円の中心から瑞気が下部に伸び、宝珠を取り囲んで 10 本に分かれる。碑額は碑首の下辺に接し、篆書で「大明」と陽刻されている。

【碑陰】碑陽とほぼ同じ構図であるが、碑額がなく、代わりに雲文が表現されている。

---

5)『明史鈔略』によれば、萬暦 33 年（1605）に、「太宗文皇帝之陵」とある長陵の碑石を「成祖」へと改めるよう命じたという記録がある。

2）定陵明楼碑螭首

碑首と碑身が同じ石材で製作された一体型である。定陵は万暦帝（神宗、在位 1572 ～ 1620）の陵であり、碑陽の「神宗顕皇帝之陵」の文字から、諡号を贈られた萬暦 48 年（1620）9 月以降に立てられたことが分かる。

図 24

【碑陽】左右の龍はほぼ対称をなし、頭部は碑額上部の両端で上方を向き、前足のある位置で大きく身体をひねり、身体をくねらせながら尾を上部に伸ばす。足はそれぞれ 4 本が表現されている。身体は細身である。宝珠は彫りの深い球形で、正面の円の中心から瑞気が渦を巻いて下部に伸び、宝珠を取り囲みつつ 10 本に分かれる。碑額は碑首の下辺に接し、篆書で「大明」と陽刻されている。

【碑陰】碑陽とほぼ同じ構図であるが、碑額がなく、代わりに雲文が表現されている。

3）昭陵明楼碑螭首

碑首と碑身が同じ石材で製作された一体型である。昭陵は隆慶帝（穆宗、在位 1566 ～ 1572）の陵であり、碑陽の「穆宗荘皇帝之陵」の文から、諡号を贈られた隆慶 6 年（1572）以降に立てられたことが分かる。

図 25

【碑陽】損壊が激しく意匠の確認が困難であるが、左右の龍の前足の周辺部から、長陵や定陵と同じ左右対称をなす構図と見なされる。宝珠は確認できない。碑額は碑首の下辺に接し、篆書の双鉤体で「大明」とある。
【碑陰】碑陽よりも残りが良く、右龍の頭部から前足、伸びあがる身体が確認できる。碑額はあるが文字はない。

2-9 清帝陵

昭陵明楼碑螭首

図 26

外見からは、碑首と碑身が同じ石材で製作された一体型と判断される。昭陵は清のホンタイジ（太宗、在位 1626 ～ 1643）の陵であり、碑陽の「太宗文皇帝之陵」の文字から、謚号を贈られた崇徳 8 年（1643）以降の立碑であることが分かる。
【碑陽】左右の龍はほぼ対称をなし、頭部は碑額上方の両端あたりから上方を向き、前足のある位置で大きく身体をひねり、身体をくねらせながら尾を上部に伸ばす。足はそれぞれ 4 本が表現されている。身体は細身である。宝珠は彫りの浅い球形で、正面の円の中心から瑞気が渦を巻きつつ下部に伸び、10 本に分かれて宝珠を取り囲む。碑額はほぼ正方形をなし、碑首の下辺に接する。右の 2 行は満州文字、左の 1 行は篆書で「大清」と陽刻されている。碑額下部の左右から三段状に張り出した四角形の装飾には、三葉や花のような文様が施され、その左右に波文、山文が表現されている。それ以外の空間は雲文で埋められている。
【碑陰】碑陽とほぼ同じ構図をなし、碑陽では破損により確認できなかった右と上の縁が確認でき、額内陽刻式であることがはっきり分かる。碑額はあるが文字はない。

3　変遷について

本稿で紹介した双龍戯珠型は、筆者の限られた調査の中で得た例であり厳密な編年を示すものとはなり得ないが、おおまかな変遷を述べることは可能であると判断される。

既に前稿において、双龍戯珠型螭首の２つの様式（高浮彫式、額内陽刻式）のうち、曲阜一帯では、元代に高浮彫式が、明代には額内陽刻式がそれぞれ多いことを指摘したが[6]、本稿においても、紀年が明確な碑のほとんどが上記の指摘と合致する。高浮彫式については、巨野文廟、岱廟、青州市博物館、荷沢市博物館の例を新たに加えたが、このうち荷沢市博物館のものは、巨野文廟（中華民国代）の作品に近く、龍の蟠結方法も岱廟、青州市博物館の例とは全く異なるため、少なくとも元代の作品ではないと考えられる。一方、岱廟、青州市博物館の螭首については、いずれも蟠結方法が曲阜の元代の作品とほぼ同じであり、元代のものと見て問題ないと判断される。巨野文廟の「済寧監路冀公去思之頌」碑螭首は、元代の内容が刻まれた碑身との一体型であるが、高浮彫の様式が他の例と大きく異なり、現時点で元代の作と断定するのはやや躊躇される。事例の増加を待ってあらためて考えたい。

高浮彫式のもう一つの事例として触れておくべき作品が奉天誥命碑の高浮彫式螭首である。同碑の碑身は、「成化十二年」（1476）の紀年を有する明代の作品であるが、螭首は碑身との一体型ではなく、両者の製作年代が異なる可能性がある[7]。意匠においても、龍の蟠結方法や、碑首の下辺に雲文が施される点などは孔廟・顔廟の元代の高浮彫式に酷似して

6）篠原啓方（前掲論文、2022）、424 ～ 425 頁
7）篠原啓方（前掲論文、2022）、425 頁

おり、また15世紀前半以降であることが明らかな双龍戯珠型螭首において、元代の高浮彫式を模した作品は皆無である。このように同碑の螭首は元代的要素の色濃い作品であるが、ただ瑞気の表現においては、額内陽刻式の明代碑首に近いものである。以上の点を考慮すると、奉天誥命碑の高浮彫式螭首は、元代末〜明代初期における過渡期的な作品であると判断される[8)]。

次に、額内陽刻式の定着時期について考えてみたい。本稿における額内陽刻式の最古の例は御製兗国復聖公新廟之碑螭首（2-3の1、1441、正統6）である。同作品は、龍の身体が細身かつ小ぶりであり、碑首には山文が表現されていない。これは、これ以降の螭首の龍が大型化の傾向を見せることや、山文が頻繁に登場することとは対照的である。同作品が御製であり、碑石の製作に明朝廷が関わっていることを考慮すると、碑の意匠にも朝廷の意向が反映していると考えられ、額内陽刻式の意匠が確立した早期の作品の系譜を引くものと判断される。

早期の例として参考となるもう一つの例が、明長陵の明楼碑螭首である。前述のように、同碑は嘉靖17年（1538）以降に立てられたものであるが、記録によると、同碑を立てる前に、永楽帝（1402〜1424）の最初の諡号である「太宗」が刻まれた碑があったという。現在の明楼碑螭首を見ると、龍が細身かつ小ぶりである点、山文が登場しない点は、相対的に古い様式の特徴である。これは、旧碑が新碑に立て替えられる際、旧碑の意匠が参考にされた可能性を示すものであるが、一方で現在の明楼碑螭首に見られる宝珠の渦巻状の瑞気は、調査例の中では17世紀以降によく登場する意匠であり、新旧の様式が混在したものであることが分かる。早急な判断は避けるべきであるが、以上の2つの事例に鑑み、

8）これと関連して、参考となるのが明孝陵の周辺にある14世紀後半の功臣墓群である。筆者は未調査であるが、この中には碑首の全面に雲文が表現された高浮彫式の双龍戯珠型螭首が確認され、明初には額内陽刻式が定着していなかったことをうかがわせる。明代初期のこうした過渡期を経て、額内陽刻式の双龍争珠型螭首が確立していくのであろう。

額内陽刻式の螭首が定着するのは、おおむね15世紀の前半であると想定される。

最後に指摘しておきたいのが、背景の要素の増加である。早期においては龍と雲文、宝珠のみであったものが、15世紀半ばには山文が加えられ、清代に至っては波文なども加えられる。伝統的な垂下式の龍と宝珠のみの構図から次第に脱却していく様相が見て取れるわけであるが、これらがどのような意味を持つのかについては、稿をあらためて考えたい。

おわりに

石碑の様式は、中国に起源を持ち、東アジア各地で受容され、独自の変容をとげてきた。本稿ではそうした碑石様式の文化交渉を考える手がかりとして、中国における「双龍戯珠」型の螭首の変遷を概観してきたが、中国の事例は膨大であり、今後も継続的な調査が必要である。

摂政テモ＝ホトクト晩年のサムイェー僧院修繕事業について

池 尻 陽 子

はじめに

18世紀中葉のチベットでは、1751年以降ダライ＝ラマ七世（Bskal bzang rgya mtsho 1708-57）の親政下で4人の大臣（bka' blon カロン）からなる内閣（bka' shag カシャク）が駐蔵大臣[1]と協議して政策を遂行する体制が発足し、束の間安定の時を迎えていた。その最中の第13ラプチュンの火牛（1757）年にダライ＝ラマ七世が没すると、ダライ＝ラマ政権の安定を乱さぬよう、新たなダライ＝ラマが見出されて成年となるまでの間その地位を代行する摂政職、ギェルツァプ（rgyal tshab）が置かれることとなった。「ダライ＝ラマの名代」を意味するこの地位に初めて就いたのは、ダライ＝ラマ七世の弟子でデプン僧院（'Bras spung dgon pa）[2]所属の化身高僧であったテモ＝ホトクト六世（De mo ho thog thu Ngag dbang 'jam dpal bde legs rgya mtsho 生年不詳-1777）[3]である。テモ＝ホトクト六世は、火鳥（1777）年に病没するまでの約20年間に亘ってダライ＝ラマ八世（Blo bzang 'jam dpal rgya mtsho 1758-1804）の摂政を務めた。

1）チベットの内乱（1727-28）を経てラサに常駐するようになった清朝からの派遣官僚。常時2名が置かれ、「アンバン」（満洲語で大臣を意味するambanに由来）と呼ばれた。
2）ゲルク派の三大本山（gdan sa gsum）のひとつ。
3）テモ化身の系譜上、このガワン＝ジャンペー＝デレク＝ギャンツォを六世とする場合と七世とする場合があるが、本稿では六世として扱う。なお、正確な生年は未詳であるが、1720年代前半の生まれであることは間違いないようである。

テモ=ホトクト六世は言うまでもなくチベット政治史上の重要人物であり、この時代のチベット史を論じる上で触れない研究はない。しかし一方で、このテモ=ホトクト六世には独立した伝記が残されておらず、個人の情報を伺い知れる史料は存外に少ない。そのためか、テモ六世の摂政期にともにチベットの政局に関わったパンチェン=ラマ六世（Blo bzang dpal ldan ye shes 1738-1780）やチャンキャ=ホトクト三世（Lcang skya rol pa'i rdo rje 1717-1786）らに比して、テモ=ホトクト六世の事績が個別に注目されることはあまりない。摂政制度史上の位置づけにおいても同様で、初代ギェルツァプでありテモという化身系譜のその後の命運[4)]を決定づけた点が大きく取り上げられるものの、次代の難局で舵取りをしたガワン=ツルティム（Ngag dbang tshul khrims 1721-1791）やジェドゥン=ホトクト八世（Rje drung ho thog thu Ye shes blo bzang bstan pa'i mgon po 1760?-1810）、19 世紀に独裁権力を握った歴代摂政たちほどは良くも悪くも特色が見えず、人物像が描きにくい。抜群の知名度に見合うだけのエピソードに欠いているといえる[5)]。

こうした中、近年閲覧至便となったいくつかの檔案史料には、テモから発信されたチベット語書簡が多く含まれ、その中にはこれまであまり知られていないテモ=ホトクト六世の事績に関する情報も含まれている[6)]。

本稿では、『ダライ=ラマ八世伝』や各種檔案史料を用いて、テモ=ホトクト六世が晩年に行ったサムイェー僧院修繕事業を取り上げ、政治史的な観点からその意義を検討してみたい。テモ六世が摂政期の後半にサムイェー僧院修繕を進めた背景を明らかにするとともに、修繕が完了し

4）テモ六世以降、テモ化身はダライ=ラマの摂政職に就く化身系譜の一つに位置付けられ、テモ七世はダライ=ラマ九世の、テモ八世はダライ=ラマ十三世の摂政を務めた。

5）ペテックは、「実に残念なことに、我々がこの高僧の生涯について知り得るのはほんの僅かである。彼の伝記は現存しないようだ」と述べている（Petech 1959: 382）。

6）例えば、Schwieger（2015）はラサの四大寺（歴代ギェルツァプを出すとされる 4 寺院）の一つクンデリン（Kun bde gling）に保存されていたクンデリン文書（KDL）に含まれるテモ六世の書簡を用いている。KDL は Cross Asia DTAB（https://dtab.crossasia.org）で公開されており、本稿でもこれを使用する。

た後に清朝に対して行なった扁額賜与の請願についてその意図と背景を検討し、テモ摂政期におけるサムイェー僧院修繕事業の意義を総括したい。

以下、史料引用に際して、[ ]は筆者による補記、( )は文中の語句に対する注記、下線は筆者による強調、……は中略を示す。

1 サムイェー僧院修繕の経緯

1-1 18世紀のサムイェー僧院修繕事業と『ダライ=ラマ八世伝』

サムイェー僧院は、古代チベット帝国時代、ティソンデツェン帝（Khri srong lde brtsan r. 756-797）の治世に建立されたチベット初の勅建寺院である。インドのナーランダー僧院から高僧シャーンタラクシタ（Śāntarakṣita 寂護）を招請し、775年頃から建立が始められたという。ティソンデツェン帝は仏教信奉を正式に表明し、いわゆる仏教の国教化を進めたツェンポとして知られる。その治世下で行われた「試みの6人（7人）」の出家や「サムイェーの宗論」は、いずれもサムイェー僧院が舞台となった（山口 2004: 42-46）。このようにサムイェー僧院は、古代帝国期チベットにおける仏教導入の記念碑的な存在であり、チベットの弘通の歴史の起点であるといえる。

その歴史的重要性から、サムイェー僧院は帝国の滅亡後も歴代の為政者・権力者たちによる維持・修繕の努力が重ねられてきた。また、ダライ=ラマ政権において重要な決定をする際に神託を授ける護法神のひとつがサムイェー護法神であることもよく知られている[7]。

7）ダライ=ラマ政権を支える護法神としては、サムイェーの他にラモ（La mo）、ネーチュン（Gnas chung）、ガドン（Dga' gdong）、タントゥク（Khra 'brug）などの護法神が

Ngag dbang rgyal po et al.（2003: 149-155）によると、18世紀前半にこのサムイェー僧院の修繕事業に力を入れたのがダライ=ラマ七世とその父ソナム=タルギェー（Bsod nams dar rgyas 生年未詳-1744）であり、サムイェー僧院の主要建築である三層の中央大殿（dbu rtse rigs gsum）の屋頂の金の装飾などが修復されたという。しかしこれに関して、チャンキャ=ホトクト三世の著した『ダライ=ラマ七世伝』（1758-59年に成立）では、水虎（1722）年や木兎（1735）年などにダライ=ラマ七世の父ソナム=タルギェーが修繕事業を行い落成の儀礼を行ったこと、ダライ=ラマ七世がサムイェーの目録を作成したことなどを記すほかは、サムイェー修繕に関する目立った言及はなく、サムイェー修繕事業の意義を殊更に強調するような記述は見受けられない[8)]。

これと対照的に、サムイェー修繕事業の重要性を随所で強調するのが、『ダライ=ラマ八世伝』である。その水龍（1772）年6月1日の記事には以下のような記述がある。

> ……インドの聖地から仏法が有雪のチベットにもたらされた場所である第2のブッダガヤたるサムイェー不変の自然成のツクラカン[9)]は、所依（=サムイェーの廟堂）と能依であるところの仏の事績を描いた仏画と仏典をチベットに伝えた。…（中略）…［サムイェー僧院の］教えを広め興隆せしめた歴代法王としては、特にミワン=チ

有名である。チャンキャ三世やテモ六世らが主導したダライ=ラマ八世認定の際にもこれらの護法神がラサに召集されている（Smith 2001: 141）。またBell（2022）は、17世紀にダライ=ラマ五世期のゲルク派がサムイェー僧院の護法神の神格の位置付けに改変を加えることで、サムイェーの権威をゲルク派に取りこもうとしたことを指摘している。Bell論文については大川謙作氏（日本大学文理学部教授）にご教示をいただいた。ここに記して謝意を表したい。

8）『ダライ=ラマ七世伝』上: 155-156, 335-336。

9）サムイェー僧院を指す雅称。「吉祥なるサムイェー三様不変自然成の大僧院（dpal bsam yas zan g.yang mi ’gyur lhun gyis grub pa’i gtsug lag khang chen po）」などとも呼ばれる。

ユーギェル（ポラネー）[10]と蓮華手ケルサン=ギャンツォ（ダライ=ラマ七世）の御父上に至るまで不断に少々修繕したことに加え、特に一切勝者広大なる聖者観世音菩薩そのものであられる至高の尊者（ダライ=ラマ八世）が摂政テモ=リンポチェに特にお命じになってツクラカンを修繕し、壁画・彫刻などを新造したかのごとくになさり、供物や灯明を捧げることなどをはじめとして、先代の法王たちの御心と御業績をも見事に回復するという実践をなさった[11]。

このように、サムイェー僧院の歴史的役割を強調した上で、歴代の修繕事業遂行者として直近の権力者であるポラネーやダライ=ラマ七世の父を挙げ、彼らの事業を引き継ぎ発展させたダライ=ラマ八世と摂政テモの功績を強調しているのである[12]。サムイェー僧院がチベット仏教史上格別の地位にあり、ダライ=ラマ政権にとっての重要度も高いことは既に述べた通りであるが、その修繕事業を功績として殊更に強調する記述というのは『ダライ=ラマ八世伝』に顕著な特徴であるといえよう。

この『ダライ=ラマ八世伝』の著者は、名代職として初代のテモ=ホトクト六世（ガワン=ジャンペー=デレク=ギャンツォ）の転生者であるテ

10）ポラネー（Pho lha nas bsod nams stobs rgyas 1689–1747）はツァンの有力一族の出身で、ダライ=ラマ七世代の中期 1728–1747 にチベットの政治権力を掌握し、ミワン（人主、王）と呼ばれた（Sperling 2012）。

11）『ダライ=ラマ八世伝』: 113–114。以下、引用部分のチベット文をローマナイズして示す。rgya gar 'phags pa'i yul nas rgyal bstan gangs ljongs su drangs pa'i gnas rdo rje gdan gnyis pa bsam yas mi 'gyur lhun gyis grub pa'i gtsug lag khang rten dang brten pa'i bris 'bur sangs rgyas kyi mdzad pa dang rgyal ba'i bka' bod du 'gyur tshad/［……］bstan dar zhing rgyas par mdzad pa chos rgyal rim byon dang khyad par mi dbang chos rgyal dang phyag na padmo bskal bzang rgya mtsho'i yab rje mchog yan rim byon nas zhig gso phran bu dang / khyad par rgyal ba kun las mdzad pa rgya che ba 'phags pa spyan ras gzigs dngos kyi mdzad pa can rgyal dbang mchog nas rgyal tshab de mo rin po cher ched du mngags nas gtsug lag khang zhig gso bris 'bur sogs gsar bskrun lta bu dang/ mchod rdzas dang dkar me sogs kyis mtshon chos rgyal gong ma rnams kyi dgongs pa dang phyag rjes kyang nyams pa gsor chud phyag bzhes su bstar/

12）なお、ここで「歴代法王」として挙げられているポラネーはジューン=ガル軍によって破壊されたニンマ派寺院の修繕に当たったことが知られる。

モ=ホトクト七世（Blo bzang thub bstan 'jigs med rgya mtsho 1778-1819）である。『ダライ=ラマ八世伝』のコロフォンによれば、『ダライ=ラマ八世伝』はダライ=ラマ八世の摂政を務めたジェドゥン=ホトクトが執筆していたが未完であり、テモ七世がダライ=ラマ九世のギェルツァプに任じられた際（鉄羊年、1811）、改めて編纂を始めたものだという[13)]。テモ七世著作の『ダライ=ラマ八世伝』がある程度ジェドゥンの草稿の内容を引き継いでいることは確かであろうが、テモ七世が自らのギェルツァプ就任を期に執筆したダライ=ラマの伝記において、自身の先代のテモ六世とダライ=ラマ八世を賞賛するのにサムイェー修繕を殊更に取り上げている点は注目に値する。これはテモ七世が創出した語りの上での演出であるだけでなく、サムイェー修繕を手がけたテモ六世本人がこの事業を特に重要なものと位置づけていたことが、以下に示すテモ六世の言動からうかがえる。

1-2　テモ六世によるサムイェー僧院修繕の意義づけ

テモ六世によるサムイェー僧院修繕事業は、『ダライ=ラマ八世伝』によれば、鉄虎（1770）年2月に開始されて以降断続的に行われ、火猿の年（1776、乾隆41）7月3日を以て完了している。修繕事業の開始について、『ダライ=ラマ八世伝』には以下のように記述されている。

> [鉄虎（1770）年2月に] 摂政テモ=ノムンハン=リンポチェがサムイェーに向かわれるための餞別として、[宴の席上で] 御身ご自身が傘を同じくする恩恵を以て [摂政を] 慈しまれた。[その席上で] 内外の仏法と政治の要であるパンチェン一切智者がウー地方においでになるという話があり、三様不変自然成のツクラカン（サムイェー

13)『ダライ=ラマ八世伝』: 587-589。

僧院）を修繕するのが少し遅延することについて、上下のチャンズーなど各部署からすぐさま経済条件が悪化するということだったので、熟慮の末、収入の全てをツクラカン修繕に用いるという条件で、摂政聖者（テモ=ホトクト）ご本人が主導してなさることなどをお命じになることなどを筆頭に［テモ=ホトクトが条件を示しダライ=ラマ八世が］お話にしたがうので、［テモ=ホトクトはダライ=ラマ八世に対して］「ツクラカンの中心の修繕が完成したらすぐに相好の曼荼羅（mtshan dpe'i dkyil 'khor）[14]に謁見にうかがってもよいというお許しと、三昧耶の瞑想と聴聞を昔日のように［なさいますことを］ご慈悲でご考慮くださいますように」と嘆願なさった[15]。

ここで注目されるのは、鉄虎（1770）年２月からのサムイェー修繕事業が、財政難の状況下にありながら、テモ六世が個人として資金を負担するという条件で始まったとされている点である。これについて、修繕を手がけたテモ六世本人の書簡[16]の中では次のように述べられている。

発心した小さきラマたる私は、どうやっても御恩をお返しすることができないと思って、私自身の独力で衷心から大主皇帝（乾隆帝）の黄金の蓮華座が堅固であり寿命長久で永劫に堅固でありますよう、

14）ダライ=ラマ八世を指す。

15）『ダライ=ラマ八世伝』: 97。srid skyong de mo no min han rin po che bsam yas su phebs rgyu'i thon phyag la sku ngos gdugs lhan rgyas bka' drin bskyangs / chos srid phyi nang gi mdzad sgo paN chen thams cad mkhyen pa dbus su chibs bsgyur gnang rgyu'i bka' mol/ zan yangs mi 'gyur lhun gyis grub pa'i gtsug lag khang nyams bso[gso] r sa khad cung zad 'gyangs pa'i phyag mdzod yas mas sogs / las khung[s] khag nas 'phral 'phral mthun pa'i rkyen 'byor dka' bas/ 'on bsam gyi yongs 'bab rnams tshang ma gtsug lag khang bso[gso] ba'i cha rkyen du srid skyong dam pa rang nas bdag gir mdzad dgos sogs stsal bar bka' mchid rnams spyi bor nod pas/ gtsug lag khang lte ba'i nyams pas grub 'phral mtshan dpe'i dkyil 'khor mjal bar bcar chog pa dang/ thugs dam nyams bzhes sku yon gsan ba sam sogs sngar rgyun bzhin thugs rjes gzigs dgos zhes gsol ba btab/

16）KDL: 765。火猿（1776、乾隆 41）年 11 月 10 日にテモから駐蔵大臣に送られた書簡の写し。

そのために絶えず祈願して長寿祈願の読経を行うのみならず、サムイェー不変の自然成といわれるツクラカンに、長年の間私自身の私財を投じて壊れたものなどを新たにして修理して、中に昔からある仏像をはじめとする身語意の拠り所を新たに少なからず建造しました[17)]。

これは、1776年末にサムイェー僧院修復完了を清朝に報告する書簡の一節である。書簡そのものについては後段で改めて取り上げるためひとまず措くとして、ここで注目したいのは、テモ六世本人の言葉で「長年の間私自身の私財を投じて」修繕したということが強調されている点である。これは先の『ダライ=ラマ八世伝』の内容とも一致する。なお、ここでは駐蔵大臣を通して乾隆帝に請願する書簡であるため、サムイェー修繕の意義が乾隆帝の長寿と治世の安定への祈願に帰結されている。石濱（2001: 351-353）によると、勅命でサムイェー僧院を建立させたティソンデツェン帝は文殊菩薩の化身とみなされることから、乾隆帝をティソンデツェン帝に準えることがあるという[18)]。サムイェー僧院の修繕という事業が、乾隆帝に対しても有効なアピールになることを、テモ六世は熟知していたのであろう。

では何故テモ六世は鉄虎（1770）年という時期に、延期を避けるために私財を投じてまでサムイェー僧院の修繕を開始したのか。これについ

17）引用部分のチベット文のローマナイズは以下の通り。なお、原文中のチェター（che rtags, 敬意を表す記号）は「Z」で示している。rab tu byung ba'i bla ma chung ngu ngas ci byas kyang bka' drin bsab mi thub bsam nas nga rang gcig pus snying thag pa nas Z gong ma bdag po chen po gser gyi zhabs pad brtan cing sku tshe bskal pa khri khrag khri khrag brtan pa'i ched ngos nas rgyun bar gsol ba 'debs shing chos bton［'don］zhabs brtan sgrub pa tsam du ma zad bsam yas mi 'gyur lhun gyi grub pa'i zhes pa'i gtsug lag khang la lo mang gi bar du zhig bso nga rang gi dngos po'i thog nas zhig pa rnams gsar bzos byas shing nang du sku gsung thugs rten sngar yod zhig bzo'i thog gsar du mang tsam bzhengs shing

18）石濱（2001）によると、テモ六世の書簡から約3年後の乾隆45（1780）年に実現したパンチェンラマの訪清において、乾隆帝はティソンデツェン帝を彷彿とさせるような言動をしているという。

て明確に動機を示す記述は見られないが、『ダライ=ラマ八世伝』の語りからは、サムイェー修繕をダライ=ラマ八世の正統性と結びつけようとしていることがうかがえる。先に掲げた『ダライ=ラマ八世伝』水龍（1772）年6月の記事（注11）の直前には、同日の記事として、ダライ=ラマ八世がダライ=ラマ七世の像を作成させてラサのデプン僧院内に安置したエピソードが語られている。そのようなダライ=ラマ七世を顕彰する行動の直後にチベットの弘通の歴史におけるサムイェー僧院の重要性を説き、サムイェー僧院の歴代の修繕事業遂行者としてダライ=ラマ七世とその父の功績を挙げて再び顕彰した上で、ダライ=ラマ八世が摂政テモ=ホトクトに命じて修繕事業を挙行したことが記されているのである。この流れは、ダライ=ラマ七世の転生者としてのダライ=ラマ八世の正統性を示すとともに、ダライ=ラマ八世と摂政テモ=ホトクトをダライ=ラマ七世とその父に準え、疑似的な父子関係（ヤプセー関係）[19]を想起させる構造になっており、サムイェー僧院修繕事業はその結節点の役割を果たしているといえる[20]。

このような構造を踏まえた上で、テモ六世がサムイェー修繕を開始した鉄虎（1770）年という時期を考えてみると、この年はダライ=ラマ八世が数え年13歳を迎える年であり、先代のダライ=ラマ七世がポタラ宮に入城して正式にダライ=ラマに即位した年齢と重なる。そしてダライ=ラマ七世の父ソナム=タルギェーがサムイェー修繕を開始したのは、翌年ではあるが僅か数ヶ月後である。テモ六世がダライ=ラマ八世の摂政に就任してから12年が経過する中で、来るべきダライ=ラマ八世の成人

19）チベットにおいて、転生化身高僧と側近（摂政）の師弟関係を父子（yab sras）に喩えることは珍しくなく、ゲルク派でも宗祖ツォンカパと2大弟子（rje yab sras gsum）や歴代ダライ=ラマとパンチェン=ラマ（rgyal ba yab sras）を父子に喩えるほか、ダライ=ラマ五世と摂政サンギェー=ギャンツォが「父子の如き関係」と表現された事例がある（山口 1988）。

20）なお、サムイェー僧院がダライ=ラマの正統性と結びつく背景として、ダライ=ラマ五世代にティソンデツェン帝がダライ=ラマの前世に位置付けられていることを付言しておく（石濱 2001: 265-272）。

と親政の開始を見据え、テモの摂政期を記念する一大事業としてサムイェー修繕を位置づけ、ダライ=ラマ七世と父の事績を踏まえて修繕開始のタイミングを図ったものと推測される。

2　テモ六世によるサムイェーへの扁額賜与の請願について

2-1　テモ=ホトクト六世による最後の請願

テモ六世は、火猿（1776、乾隆41）年7月3日に最後のサムイェー僧院修繕を終え、落成儀礼を行なっている[21]。そしてその年の11月、サムイェー修繕事業の完了を乾隆帝に報告し、サムイェー僧院に扁額を賜与するよう請願した。このサムイェー僧院への扁額賜与の請願は、先ほど一部を抜粋して掲げたKDL765文書、火猿（1776、乾隆41）年11月10日にテモ六世から駐蔵大臣に送られた書簡の写しが、管見の限り現時点での史料上の初出である。以下に改めてその全文を示す。

> 奉天承運の大主皇帝の勅命によって派遣される、事務を弁理する大臣（駐蔵大臣）のご一同に、ノムンハン=テモ=ホトクトが特にお送りいたします。小さきラマである私から文殊菩薩大主皇帝にお願いする陳情の手紙を取り継いで上奏していただくお願いの為です。
>
> 私のごとき西方の小さきラマにとって、文殊菩薩大主皇帝にお願い申し上げることは、何よりも大変に重く量り知れません。また、小さきラマである私を列席に加えダライ=ラマの名代職としてチベットの宗教事務と国政の一切の事をご命令によってお任せくださっ

21）『ダライ=ラマ八世伝』: 122。

て以来、小さきラマである私は大主皇帝が黄帽の教えを広めることと、属下の人々が安寧に至ることなどを完遂するというお考えと合致するよう実行すること全てを、大主皇帝の教え諭すお言葉に一心に従事して20年の間、精一杯尽力してきました。ですので、小さきラマである私にとって何よりも大きな御恩は、文殊菩薩大主皇帝でありますので、非常に素晴らしい褒賞［をさらにお願いする事］は何よりも確実に重いのであるという気持ちは量り知れないので、小さきラマたる私は大主皇帝の果てしない御恩に敬意をもって、なんとしても御恩に報いることができればと思います。

発心した小さきラマたる私は、どうやっても御恩をお返しすることができないと思いつつ、私自身の独力で衷心から大主皇帝の黄金の蓮華座が堅固であり寿命長久で永劫に堅固でありますよう、そのために絶えず祈願して長寿祈願の読経を行うのみならず、サムイェー不変の自然成といわれるツクラカンに、長年の間私自身の私財を投じて壊れたものなどを新たにして修理して、中に昔からある仏像をはじめとする身語意の拠り所を新たに少なからず建造しました。たくさんの僧を毎日供養し、絶えず読経を任せて長寿祈願を確かにさせました。小さきラマたる私から大主皇帝に申し上げる陳情として、サムイェー不変の自然成というツクラカンに、以前ラサの大小のジョウォ［を祀る寺］[22]に賜与くださったような扁額をツクラカンに［賜るという］大いなる慈悲を請願いたします。

また、ラサの近くに小さきラマたる私が文殊菩薩大主皇帝の量り知れない御恩に報いるために私自身の私財を投じて新しい寺廟として建設して、中に身語意の拠り所を新たに多く建造して、百人ほどの僧衆を集めて従事させ、毎日絶えず大主皇帝の蓮華座が永劫に堅固でありますよう祈願しております。大主皇帝に請願いたしますの

22）ラサの大昭寺（Jo khang, Gtsug-lag-khang）と小昭寺（Ra mo che）を指す。

は、寺廟の名［を賜る］というご慈悲です。［そしてまた、］小さきラマ私自身も齢50余となり、継続して身体の病の障りが大きいので、私自身が健在のうちに大主皇帝のためにこの寺廟を始めとして領民（mi ser）を伴う寺領荘園を設立して、大主皇帝の長久なる蓮華座が永劫に堅固となる長寿祈願の次第を弛まず行い奉り、後に私の僧や、領民を伴う寺領荘園を、小さきラマである私の衷心から大主皇帝の長久なる蓮華座が永劫に堅固となる長寿祈願を成就させることと、寺院が衰えないということが不確かである、という思い［がございます。それ］によって小さきラマである私は不安が大きいので、大主皇帝に陳情して、大主に献げる寺廟と僧、寺領荘園、その領民に領主のような［立場の］者を私の僧の中から１人に［任じて］、内部の規定に対応する印章を伴うジャサク=ラマの称号をお願いいたします。

大いなるご慈悲を切にお願い申し上げ、陳情を献じる［礼品の］カターと仏像を一緒に、［皇帝に］ご伝送くださいませんか。この為にお送りいたします[23]。

23）gnam bskos Z gong ma bdag po'i chen po'i bkas mngags pa'i las don dbye 'byed pa am ban lhan brgyas su no min han de mo ho thog thus ched du phul ba bla ma chung ngu nged nas 'jam dbyangs Z gong ma bdag po chen por gsol ras zhu rgyu'i yi ge rim brgyud kyi 'bul rgyu'i zhu ba'i don nga rang nub phyogs kyi bla ma chung ngur 'jam dbyangs Z gong ma bdag po chen por gsol ras zhus pa ni gang las kyang rab tu lci zhing tshad med pa'i thog yang gsol ras gnang nas bla ma chung ngu nga mi gral du bzhag nas Z tā la'i bla ma'i rgyal tshab tu bod kyi chos srid rgyal srid thams cad kyi las don la bkas mngags pa nas bzung bla ma chung ngu ngas Z gong ma bdag po chen pos zhwa ser gyi bstan pa dar ba dang mnga' 'bangs bde skyid yong ba sogs mthar thug gi dgongs pa dang mthun pa'i bya ba thams cad Z gong ma bdag po chen po'i bslab bya'i Z bka' la sems rtse gcig tu sgrel［bsgrims］te rjes su 'brangs nas lo nyi shu'i bar gang yong ci yong gi sgrims nas byas par bla ma chung ngu nged kyi sems la gang las kyang bka' drin che ba ni Z 'jam dpal dbyangs Z gong ma bdag po chen po yin pa ngo mtshar smad du byung ba'i bdag rkyen gsol ras ni gang las kyang nges par lci ba yin bsam tshad med par bla ma chung ngus Z gong ma bdag po chen po'i bka' drin dpag med la dad gus byas shing gang byas nas bka' drin bsab thub bsam rab tu byung ba'i bla ma chung ngu ngas ci byas kyang bka' drin bsab mi thub bsam nas nga rang gcig pus snying thag pa nas Z gong ma bdag po chen po gser gyi zhabs pad brtan cing sku tshe bskal pa khri khrag khri khrag brtan pa'i ched ngos nas rgyun bar gsol ba 'debs shing chos bton［'don］zhabs brtan sgrub pa tsam du ma zad bsam

以上の書簡の内容をまとめると、前段では20年に亘る摂政としての尽力を訴えつつ、自身が特に力を入れて遂行してきたサムイェー修繕が完了したことを報告し、サムイェー僧院への扁額の賜与を請願している。そして後段では、サムイェーと同じようにテモ六世が私財を投じて建立したラサの新寺に寺名を請願し、さらにその寺の管理人にジャサク＝ラマの称号を授与してほしいという希望を述べている。最後に、それらの請願を駐蔵大臣から乾隆帝に取り次ぐよう要請して締め括られている。

テモ六世が書簡の後段で突如持ち出しているラサの新寺とは、本檔案に付けられた付票によれば、「サンガク＝ガーツェル（Gsang sngags dga' tshal）」という名の寺廟である。サンガク＝ガーツェルは、後にテンギェーリン（Bstan rgyas gling）の名で知られる歴代テモ＝ホトクトのラサにおける拠点寺院で、1760年代にテモ六世によって創建されたとされる

---

yas mi 'gyur lhun gyi grub pa'i zhes pa'i gtsug lag khang la lo mang gi bar du zhig bso nga rang gi dngos po'i thog nas zhig pa rnams gsar bzos byas shing nang du sku gsung thugs rten sngar yod zhig bzo'i thog gsar du mang tsam bzhengs shing gra pa mang po tshogs bcug rte nyin re bzhin chad med chos 'don bcug pa'i gsol ba 'debs kyi yod lags shing bla ma chung ngu nged nas Z gong ma bdag po chen por gsol ras zhu rgyur bsam yas mi 'gyur lhun grub ces pa'i gtsug lag khang la sngar lha sa'i jo bo che chung la 'bul gnang 'dra ba'i spen zhig gtsug lag khang la thugs rje che ba zhu rgyu dang yang lha sa'i nye skor du bla ma chung ngu nged nas Z 'jam dbyangs Z gong ma bdag po chen po'i tshad med pa'i bka' drin bsab phyir rang gi dngos po'i thog nas dgon pa gsar du btab te nang du sku gsung thugs rten mang tsam bzhengs te dge 'dun brgya phrag lhag tsam tshogs bcug nas nyin re bzhin chad med Z gong ma bdag po chen po zhabs pad khri khrag brtan pa'i ched gsol ba 'debs shing chos 'don sku rim byed kyi yod par dgon pa 'di nged kyisnying thag pa nas Z gong ma bdag po chen por dad gus kyi phul ba yin pas de don gong ma bdag po chen po la gsol ras zhu rgyur dgon pa'i ming zhig thugs rje che ba dang bla ma chung ngu nga rang kyang lo lnga bcu lhag tsam song rgyun bar gzugs gzhi nad rnying gi bcong[gcong] che bar brten nga rang yod dus Z gong ma bdag po chen por dgon pa 'dis mtshon chos gzhis mi ser dang bcas par bkod pa byas nas Z gong ma chen po'i zhabs pad bskal pa khri khrag khri khrag brtan pa'i sku rim gyi rim pa'i bya ba mi nyams pa zhu yang slar nga'i gra pa chos gzhis mi ser dang bcas pa bla ma chung ngu nged snying thag pa nas gong ma chen po'i zhabs pad bskal pa khri khrag khri khrag brtan pa'i sgyu rim sgrub rgyu dang dgon pa bcas mi nyams pa'i nges pa med bsam nas bla ma chung ngu nga sems ngal che bar brten Z gong ma bdag po chen por gsol ras zhu rgyur Z bdag po chen por phul ba'i dgon pa dang gra pa mchod gzhis mi ser bcas la 'go 'dzin sta bur nged kyi gra pa'i gras nas gcig la nang gi lug[s] srol dang mthun pa'i dza sag bla ma'i cho lo tham ga bcas gsol ras thugs rje che ba mkhyen mkhyen mkhyen mkhyen zhu rgyur phul ba'i kha btags sku 'dra bcas rim brgyud kyi 'bul rogs gnang e yong de'i ched du phul /

（Blo bzang chos ’byor 2007: 7）。この時の請願をうけて乾隆帝から「広法寺」の寺名を賜与され、以後そのチベット語名であるテンギェーリンの名で呼ばれるようになる。本稿では便宜上、以下「テンギェーリン」と呼称する。創建から10年以上が経過していると思われるテンギェーリンに関する二つの請願は、申し出るタイミングとして唐突で不自然な印象を否めない。そもそも、サムイェー修繕完了への行賞としての扁額賜与の請願も、修繕完了が火猿（1776）年7月3日であることを考えれば、なぜ4ヶ月が経過した11月になって請願したのかという疑問が生じる。

これには、テモ六世がこの請願から僅か2ヶ月後の1月半ばに病で逝去していること[24]が関係していよう。前掲の11月10日付の駐蔵大臣への書簡の中で、「小さきラマ私自身も齢50余となり、継続して身体の病の障りが大き」くテンギェーリンの行く末が不確かで不安であるという心情を訴えており、この段階で自身の余命が幾許もないことを悟っていた様子がうかがえる[25]。そうした状況下で、テモ六世はその年に完了したサムイェー僧院修繕事業への行賞として扁額賜与を請願するということ

24）『ダライ=ラマ八世伝』: 123。

25）テモ六世は以前から健康状態に不安を抱えていたようで、死去する2年ほど前にも立ち上がれないほどの病状であったことが以下の駐蔵大臣恒秀の上奏（乾隆40（1775）年2月）に報告されている（『清代雍和宮檔案史料』10: 291）。「今年正月13日にチベットに到着し、テモ=ホトクトが病を患っている事を聞き、奴才伍彌泰・恒秀がホトクトを見舞った時、ホトクトの体はなお虚弱で立つことができず、顔色もやつれていた。問えば、ホトクトは心口の痛み（鳩尾のあたりの刺すような痛み）は以前よりややよくなったが、ただ体が虚弱で脚が痛む。飲食するのは以前よりやや増えたという。奴才らがまたチベットの医者に問えば、「ホトクトの脈は、以前は安定せず病状が重いようだったが、この数日脈はやや安定し、病状は悪化してはいない」と報告する。この為、奴才恒秀はチベットに到着した期日、およびテモ=ホトクトの病がややよくなったということを、併せて謹んで奏聞した（ere/ aniya［+aniya］biyai juwan ilan de/ dzang de isinjifi. dimu kūtuktu i/ nimekulehe babe donjifi aha umitai. hensio/ kūtuktu be tuwanahade/ kūtuktu i beye/ kemuni yadalinggū ilime muterakū cira wasikabi./ fonjici. kūtuktu i niyaman jaka nimerengge. neneheci/ majige yebe oho damu beye niyere/ bethe nimembi. omire jetere de neneheci/ majige nonggiha sembi ahasi geli tanggūt/ oktosi/ de fonjici kūtuktu i sudala/ onggolo toktohaon akū nimeku unjen［ujen］i / gese bihe ere udu inenggi sudala majige toktoho nimeku umai nonggiha ba/ akū seme alambi erei jialin aha hengsio. dzang de isinjiha inenggi. jai/ dimu kūtuktu i nimeku majige yebe//oho babe suwaliyame gingguleme/ donjibume wesimbuhe）」。

を上奏の名目としつつ、自身のラサでの拠点であるテンギェーリンの寺領を維持し次代転生者に引き継ぐべく、テンギェーリンの寺領管理者に対するジャサク=ラマ号授与を請願したものと考えられる。

この駐蔵大臣への書簡が発せられた5日後の11月15日、テモ六世は改めて乾隆帝への上奏をしたためている[26)]。駐蔵大臣らはテモの要請通りその上奏文を取り次いで北京に送付したようで、乾隆帝は同年（乾隆41、1776）12月28日に請願を了承する上諭を下している[27)]。その後この件についてさらに北京で理藩院と乾隆帝の間で交わされたやりとりの一部が、以下のように満洲語檔案に残っている。

> ［乾隆42年］正月22日。理藩院より上諭に遵いテモ=ホトクトの徒弟ジャムヤン=テンパ（Man. jamyang damba ＞ Tib. 'jam dbyang bstan pa）にジャサク=ラマ等級の印を得させるため上奏した折子に対して、旨「わかった。テモ=ホトクトの徒弟ジャムヤン=テンパにテモ=ホトクトのシャンジョトバ（Man. šangjotba ＞ Tib. 'phyag mdzod pa）=ジャサク=ラマ等級の印を賞与せよ」と言った。これを理藩院に委ねた[28)]。

---

26)『清代西藏地方檔案文献選編』（2: 51）火猿（1776、乾隆41）年11月15日のテモの上奏文の写し。

27)『清代西藏地方檔案文献選編』（2: 53）、乾隆42年2月9日の駐蔵大臣からカロンたちへの伝諭において、「乾隆41年冬の最後の月の28日に上諭が下された…（中略）…テモ=ホトクトが奏請したこれらの有益な褒賞は正しく整えられ、遅滞なく彼自身が願ったごとくにあるという。返答の上諭は、『この寺名は別に改めて送る。恒秀たちにこのことをさとらせて順に送り、テモ=ホトクトに知らせよ』と仰せになった（Z lha skyongs bzhi bcu zhe gcig pa'i lo'i dgun zla mtha' ma'i tshes nyer brgyad la Z bka' phab pa ni ［......］ Z de mo ho thog thus gsol ba btab te phul ba 'di rnams don legs par 'dug pa ma 'gyangs par kho pa rang gi gsol ba btab pa lhar yod zhes Z bka' gsal ba ni dgon pa'i ming 'di nas zur du gsar pa rims gyi bskur rgyu yin hang si'u rnams la lob nas don 'di dag rim gyi bskud te Z de mo ho thog thur go bar lob chug zhes pa dang du blangs te）」と上諭の内容が引用されている。

28)『清代雍和宮檔案史料』（11: 100）、乾隆42年1月22日の上諭の写し。原文（満洲語）のローマナイズは以下の通り。aniya biyai orin juwe/ tulergi golo be dasara jurgan ci/ hese be dahame dimu kūtuktu i šabi jamyang damba de jasak lamai jergi doron/ bahabure jalin wesimbuhe bukdari de/ hese saha dimu kūtuktu i šabi jamyang damba de dimu kūtuktu i

引用文中でジャサク=ラマ号被授与者として名前が挙がっているジャムヤン=テンパは、テモ六世自らが上奏文中で指定している人物であり[29]、清朝はテモ六世の希望通りに追認していることが分かる。清朝側も当然テモ六世の病状を把握しており、テモ六世の上奏の最重要の目的がテンギェーリンの寺領安定化ための布石として寺領管理者へのジャサク=ラマ号授与を請願すること、すなわち清朝からのテンギェーリン寺領と管理者の地位の追認にあることを理解し、その趣旨に賛同していたことがうかがえる。

以上見てきたように、テモ六世が清朝に対して行なったサムイェー僧院への扁額賜与の請願の背景には、死期を悟ったテモ六世側の別の思惑、すなわちテンギェーリンの基盤を少しでも強固なものとしたいという切実な状況が看取されるのである。

2-2 テンギェーリンへの「シャンジョトバ=ジャサク=ラマ」号導入について

テモ六世がテンギェーリンの基盤固めに際してジャサク=ラマ号導入という発想に至り、清朝側もそれを認め速やかに対応した背景には、「シャンジョトバ=ジャサク=ラマ」という称号の成立と運用が関係している。

前掲の乾隆 42（1777）年正月 22 日の上諭で示されている「シャンジョトバ=ジャサク=ラマ」という称号は、転生化身高僧の私産管理を担う側近に対して清朝が授与してきたものである。『大清会典』では「扎薩克喇嘛商卓特巴（ジャサク=ラマ=シャンジョトバ）」とも表記される。シャンジョトバはチベットにおいて多数の所属寺院や徒弟を有する大転生高僧や大寺院の財政管理者の職名チャンズーパ（'phyag mdzod pa）に

šangjotba jasak/ lama jergi doron šangna sehe/ erebe monggo jurgan de afabuha.

29）前掲注 26 と同じ。

由来する。転生化身高僧の側近としてのチャンズーパは、その高僧のラプラン（bla brang）と呼ばれる私産管理組織の管理人である。

清朝が賜与する称号としてのジャサク=ラマ=シャンジョトバの淵源は、雍正元（1723）年にジェプツンダンパ=ホトクトの属民を管理するホトクトの側近に対して「掌管哲布尊丹巴呼図克図（ジェプツンダンパ=ホトクト）徒衆辦理庫倫（フレー）事務額爾徳尼商卓特巴（エルデニ=シャンジョトバ）」の名号を与えた事例である。その後、乾隆20（1755）年にチャンキャ三世の側近に対して「総管章嘉呼図克図（チャンキャ=ホトクト）属下徒衆扎薩克喇嘛商卓特巴（ジャサク=ラマ=シャンジョトバ）」を授与している[30]。さらに、乾隆24（1759）年にはチベットから雍和宮に招請され北京で客死したジェドゥン七世の東チベットの遺領と徒衆の管理をジェドゥン七世の弟ガワン=ノルブに委ねるため、「統轄済隆呼図克図（ジェドゥン=ホトクト）属下巴克碩（バクショ）等十八廟宇生徒唐古特等扎薩克喇嘛（ジャサク=ラマ）」の関防を授与している（池尻 2013: 244–248）。

これらの先行事例においてジャサク=ラマやシャンジョトバに任じられている人物は、先述の通り高位の転生化身僧のラプランの管理者であり、その仕える高僧の次代の転生者の捜索・認定を主導する役割を担う存在でもある。モンゴル・チベット仏教世界において転生化身相続制度が浸透していく中で、ハルハのジェプツンダンパや駐京僧の頂点に立つチャンキャ、チベットでも高位に位置づけられるジェドゥンら影響力の大きな転生化身高僧のラプランは、清朝にとって動向を注視すべき存在であった。彼らを一定の管理下に置くために、清朝は「シャンジョトバ=ジャサク=ラマ」に類する同一（あるいは同等級）の職位名称をラプランの管理者に授与してその地位を追認することで、部分的であっても清朝支配下で一体の位階制度に整序しようとしていた。

そうした流れの中で、乾隆42（1777）年テンギェーリンの寺領管理人

30）光緒『大清会典事例』巻974（喇嘛封号）、乾隆20（1755）年の記事に以下のように記されている。「又奏准すらく『章嘉呼図克図は属下の徒衆甚だ多し。喀爾喀の多爾済旺舒克托音に給するに掌管哲布尊丹巴呼図克図属下徒衆庫倫事務額爾徳尼商卓特巴の印信を以てするの例に照らし，羅卜蔵吹木丕勒に総管章嘉呼図克図属下徒衆扎薩克喇嘛商卓特巴の印信を給予す』と」。

ジャムヤン=テンパに「シャンジョトバ=ジャサク=ラマ」が授与された[31]。テンギェーリンは摂政テモの拠点寺院であり、その寺領管理人として指名されたジャムヤン=テンパはテモ化身のラプラン管理人とみなされ、称号の内容は乾隆20（1755）年にチャンキャ三世のラプラン管理人への称号に準じたものにされた[32]。

これについて筆者は拙著（池尻 2013: 251）において、「その転生系譜の財産が保全され、次代の転生者に受け継がれるべきであるという清朝の明確な意思に基づいた封号であり、ジェプツンダンパやチャンキャといったチベット外で先行して実施された前例に照らした措置である点で、カロン=ラマに対する「扎薩克喇嘛」号授与よりも積極的な政策」と評し、あくまで清朝側の施策として論じた。チャンキャ三世のラプラン管理人と一体の名称にされている点など、清朝の政策意図としては依然間違いではないだろう。しかし本稿で検討したテモ六世生前最後の書簡から、これが最晩年のテモ六世自身の請願に基づくものであったことが判明した今、テモ六世側、ひいてはその後のチベットにとっての意義は再検討されなければならない。これについては、本稿ではもはや十分な紙幅が残されていないため、同時期およびその後のチベットやモンゴル、北京の状況も併せて、稿を改めて検証することとしたい。

31）光緒『大清会典事例』巻974（喇嘛封号）、乾隆42（1777）年の記事では、「管理第穆呼図克図（テモ=ホトクト）属下徒衆扎薩克喇嘛商卓特巴（ジャサク=ラマ=シャンジョトバ）」の称号が授与されたと記録されているが、『西蔵歴代蔵印』（82）所収の印影（乾隆42年6月礼部製造の満・蔵・蒙文合璧印）では、「テモ=ホトクトの属下のラマや属民を総管するシャンジョトバ=ジャサク=ラマ（Man. dimu kūtuktu i harangga lama albatu sebe uheri kadalara šangjotba jasak lama）」のように、満・蔵・蒙文いずれにおいても「シャンジョトバ」と「ジャサク=ラマ」の位置が漢文と逆になっている。

32）『清代西蔵地方檔案文献選編』（2: 54）乾隆42（1777）年8月の駐蔵大臣からカロンへの伝諭。

おわりに

以上本稿では、摂政テモ六世が晩年に注力して進めたサムイェー僧院修繕事業をめぐるテモ六世の姿勢を、修繕事業の始まりおよび完了後に行なった請願を主に取り上げて検討した。初代ギェルツァプたるテモ六世が主体的に行なった事業とその狙いについて、本稿で明らかにした点を整理すると以下の通りである。

テモ六世の主導によるサムイェー僧院修繕事業は、ダライ=ラマ八世の正統性を補強するとともに、ダライ=ラマ八世と摂政テモ六世のヤプセー関係を印象づける狙いがうかがえる。これは次代のテモ七世が両者の関係性を『ダライ=ラマ八世伝』において描く際の演出であるのはもちろん、サムイェー修繕という行動とその開始時期の選択からみて、テモ六世自身も意識的に行ったものであろう。ダライ=ラマ七世とテモ六世は師弟関係にあり、その関係は師弟を逆転してテモ六世とダライ=ラマ八世に受け継がれている。このように師弟関係が代を継いで逆転しつつ続いていくことは、チベットの転生化身相続制度において普遍的な現象である。テモ六世は、そうした関係性に立脚しつつ、新設された名代職としての摂政とダライ=ラマとの関係を方向づけるにあたり、サムイェー僧院の修繕事業を媒介としてダライ=ラマ七世と実父の関係を投影することで、摂政とダライ=ラマがヤプセーであるというイメージに帰着させたのである。

テモ六世がサムイェー修繕事業完了後に清朝に対して発したサムイェー僧院への扁額賜与の請願は、実は上奏の名目に過ぎず、自身のラプランをラサに確立させるためにテンギェーリン寺領の管理者の地位を清朝に追認させることに主眼が置かれていた。一方の清朝側としても、ダライ=ラマ七世亡き後のチベットの舵取りを全うしたテモ六世を高く評価しており、その系譜を盤石のものとすることに積極的であった。テンギェーリンへの「シャンジョトバ=ジャサク=ラマ」号導入は、テンギェーリンというラサの基盤寺院を強固にしたいテモ=ホトクト側の思惑と、清朝側の方針、すなわち清朝支配下で同一の職位名称を用いることで、部分的であっても一体の位階制度に整序しようとする動きが合致し、速やかに実現したものであった。

本稿ではテモ化身の系譜とサムイェー僧院の関係性について、テモ六世摂政期の理念上の位置付けに終始したが、歴代テモ化身とサムイェーの宗教的、あるいは経済的関係性についても検討されるべきであろう[33]。シャンジョトバ=ジャサク=ラマ号の導入についても、時代や地域の範囲を広げつつより深く考察する必要がある。今後の課題としたい。

【参考資料】

KDL（クンデリン文書）: Cross Asia DTAB（https://dtab.crossasia.org）.

光緒『欽定大清会典事例』（光緒25年）商務印書館.

『清代雍和宮檔案史料』中国民族摂影芸術出版社、2004.

『清代西藏地方檔案文献選編』中国藏学出版社、2014.

『西藏歴代藏印』西藏人民出版社、1991.

『ダライ=ラマ七世伝』: Lcang skya rol pa'i rdo rje, *Rgyal ba'i dbang po thams cad mkhyen gzigs rdo rje 'chang blo bzang bskal bzang rgya mtsho dpal bzang po'i zhal snga nas kyi rnam par thar pa mdo tsam brjod pa dpag bsam rin po che'i snye ma,* 1758-59.
→Lcang skya rol pa'i rdo rje, *Rgyal dbang sku phreng rim byon gyi mdzad rnam. sku phreng bdun pa blo bzang bskal bzang rgya mtsho'i rnam thar (stod cha/ smad cha)*. khrung go'i bod rig pa dpe skrun khang, 2010.

『ダライ=ラマ八世伝』: De mo ho thog thu Blo bzang thub bstan 'jigs med rgya mtsho. *Rgyal ba'i dbang po thams cad mkhyen gzigs chen po rje btsun blo bzang bstan pa'i dbang phyug 'jam dpal rgya mtsho dpal bzang po'i zhal snga nas kyi rnam par thar pa mdo tsam brjod pa 'jam gling tha gru yangs*

33）例えば大川（2019: 36-38）は、ツィウ=マルポ（Tsi'u dmarpo）というサムイェー僧院の護法神とテモ化身との歴史的関係性を論じている。これは、テモ化身とサムイェーとの繋がりが長期的かつ重層的であることを示唆していよう。同じくツィウ=マルポを取り上げたBell（2022）の指摘とともに、ダライ=ラマ政権下でのサムイェー僧院の位置付けを考える上で重要な論点である。

pa'i rgyan, 1811-27.
→De mo ho thog thu Blo bzang thub bstan 'jigs med rgya mtsho. *Rgyal dbang sku phreng rim byon gyi mdzad rnam. sku phreng brgyad pa blo bzang bstan pa'i dbang phyug 'jam dpal rgya mtsho'i rnam thar*. khrung go'i bod rig pa dpe skrun khang, 2010.

【参考文献】

池尻陽子　2013 『清朝前期のチベット仏教政策―扎薩克喇嘛制度の成立と展開―』汲古書院.
石濱裕美子　2001 『チベット仏教世界の歴史的研究』東方書店.
大川謙作　2019 「チュシュル・テンバ・ツェリンとチベット神霊論」『セルニャ：チベット文学と映画制作の現在』6: 29-39.
山口瑞鳳　1988 「摂政サンギェー・ギャンツォの出自をめぐって」『榎博士頌寿記念東洋史論叢』汲古書院 : 443-458.
――――　2004 『チベット（下）改訂版』東京大学出版会.

Bell, Christopher. 2022. "Tsi'u dmarpo: How a Northern Treasure God Became Ecumerical" *Revue d'Etudes Tibétaines*, 62: 164-189.
Blo bzang chos 'byor. 2007. *Bod kyi dgon sde khag gcig gi ngo sprod mdor bsdus*. mi rigs dpe sgrun khang.
Ngag dbang rgyal po et al. 2003. *Dpal bsam yas mi 'gyur lhun gyis grub pa'i gtsug lag khang gi dka chag*. mi rigs dpe sgrun khang.
Petech, Luciano. 1959. "The Dalai Lamas and Regents of Tibet: A Chronological Study" *Toung Pao*, Second Series 47, no. 3/5: 368-394.
Schwieger, Peter. 2015. *The Dalai Lama And The Emperor of China*. Columbia University Press.
Smith, E. Gene. 2001. *Among the Tibetan Texts: History & Literature of the Himalayan Plateau*. Schaeffer, K.R. (ed), Boston: Wisdom Publications.
Sperling, Elliot. 2012. "Pho-lha-nas, Khang-chen-nas, and the Last Era of Mongol Domination in Tibet". *Rocznik Orientalistyczny*, 65(1): 195-211.

［附記］本稿は、JSPS 科研費（18K12531）による研究成果の一部である。

カラバルガスン碑文と初期ウイグル・マニ教史：

牟羽可汗，P. Zieme，L. Clark，森安孝夫[1)]

吉田　豊

はじめに

安史の乱（755-763）以降の東アジアでは，唐の勢力が衰え，唐，吐蕃，及び東ウイグル可汗国の三国が鼎立する状況がしばらく続いていた．とりわけ吐蕃とウイグルはシルクロード地域の覇権を巡って熾烈な戦いを続けていた．二つの国は，国家を代表する宗教を，それぞれインド仏教とマニ教と定めていた．二つの宗教はいわば戴冠式の儀式のための宗教であり，国家の威信を顕示するための国教の性格を帯びていたと考えられる．ウイグルの場合，周辺の国家とは異なる独自性をマニ教に求めたとも言われている[2)]．マニ教は3世紀半ばにマニが唱道し，一時西はロ

1) 本稿は2017年9月，トリノで開催された国際マニ教学会での口頭発表（“Bögü Qaghan, Zieme, Clark, and Moriyasu — On some aspects of the early phase of the Uighur Manichaeism —.”）を元にしているが，当然ながらその後の研究の展開を取り入れている．畏友森安孝夫大阪大学名誉教授は，本稿の原稿を読んで種種の誤りを訂正するだけでなく，いくつかの改善点を指摘して下さった．ここに記して謝意を表す．その一部は本文中で言及した．

2) ウイグルがマニ教を国教に採用した理由としてSundermann（2009）は次のように述べている：“Why did Bögü Khan make the Manichean doctrine the official religion of his state? A possible explanation is that he chose a religion already present in Central Asia but not yet professed by any political power of the time, as Buddhism, Christianity, Islam, and (briefly later) even Judaism were. The idea may have been to strengthen and consolidate the establishment of the Uighur state with a religion of its own.” 類似の見解は随所に見られ，一般的な説になっている．例えば森安（2015, p. 547）は次のように述べている：「他の内陸アジアの遊牧国家のあり方と比較して，必ずや牟羽可汗も権力維持の基盤である騎馬軍団の軍事力に加えて，当時の

ーマ，エジプトから東は中国に至るまでの地域で信仰された世界宗教であったが，マニ教が国教の地位を得たのは唯一東ウイグル可汗国とそれに続く西ウイグル国においてであった．ウイグルがマニ教を導入したのは，第3代牟羽可汗（在位759-779）の時で，カラバルガスン碑文の漢文版の記事から，従来は762/3年のことだとされ，筆者もそれに従っていた．しかしこの点については，L. Clarkと森安孝夫が独自の見解を発表している．そしてこの問題を考える上で貴重な新史料が近年P. Ziemeによって発表された．本稿では，最近筆者と森安が新たに校訂したカラバルガスン碑文の新解釈と，この新史料を援用してウイグルがマニ教を導入した時期の事件について考察する．本論文の奇をてらったタイトルはそのことを反映している．

1　問題の所在

カラバルガスン碑文（以下KB碑文と略す）とは，モンゴル国のオルホン河流域にあったカラバルガスン遺蹟で見つかる3言語（トルコルーン文字表記ウイグル語，漢文，ソグド語）併用碑文である．ウイグル語版は小断片を残すのみで，内容の理解に資するところがない．最も保存状態が良い漢文面でも全体の3分の1程度，ソグド語版では4分の1程度が残されているだけである．漢文面とソグド語版に残された表題から，東ウイグル可汗国の第8代保義可汗（在位808-821）を記念する碑文であることが知られている．

この碑文では保義可汗以前のウイグルの可汗の事績も記録されている．

シルクロード貿易を牛耳っていたソグド人の経済力を利用し，さらに古来のシャマニズム以上の確固とした宗教による権威を希求したに違いないと考えたからである．つまり彼は権力を掌握した時点から，国教とするに足る宗教を物色していたのではないか．」これらの推論に確固たる証拠があるわけではないが，妥当な見解だと見なされているように思う．

第3代牟羽可汗（在位759–779）の時代，この可汗は762年から763年にかけて安史の乱の鎮圧のために洛陽に滞在していたが，そこでマニ教僧侶と遭遇し，帰国するとき彼らをモンゴル高原にあった都（現在のカラバルガスン遺跡）に連れて行ったこと，この僧侶たちがマニ教の布教に成功したことが，7行目から8行目にかけて記されている．

○可汗乃頓軍東都，因觀風＝＝＝＝＝＝＝＝＝＝＝＝＝＝法（VIII）*師*，將睿息等四僧入國．闡揚二祀，洞徹三際．況法師妙達明門，精*通*七部，才高海岳，辯若懸河．故能開正教於迴鶻．＝＝＝＝＝＝＝＝＝*對*爲法，立大功績，乃爲*默*傒悉德．（可汗は乃ち軍を東都に頓し，因りて觀風して［……法］$_{08}$師は睿息ら四僧を將いて入國し，二祀を闡揚（せんよう）し，三際に洞徹す．況（いわ）んや法師は明門に妙達し，七部に精通し，才は海岳より高く，辯は懸河の若（ごと）し．故に能く正教を迴鶻に開く．［……應］對して法の爲（ため）に大いなる功績を立て，乃ち（法師？は）默傒悉德と［爲（な）る］）[3)]．

1-1　Clark 説

一般にはこのときにはじめてウイグル可汗国にマニ教が伝播したとされる．L. Clark（2000, p. 86）は，この説を「一般に採用されている（universally accepted）」としている．しかし彼自身はこの説を批判し，755/6年に，王子時代の牟羽可汗が西方に遠征した際にマニ教僧侶と遭遇したのが始まりだと論じている．Clark が，牟羽可汗の改宗の年次が一般に認められている762/3年ではないとする際に参照する史料は以下の通りである．

3）テキストと書き下し文は森安・吉田（2019, pp. 19, 27）から．漢文テキスト中の○は空格，＝は破損した漢字，斜字体は文字の一部が見えていること，太字の斜字体は，残画はあるものの文字の特定ができないことを示す．KB碑文のテキストについては以下同様．

(1) マニ教ウイグル文書 U111a (=TIID180)

Verso column ii:「偉大な始原（'wlwγ b'šl'γ）という名を持つ年の二番目の年に，彼（=マニ）の宗教が広められた時に，中国から再び……」（森安 2015, p. 540 から；Clark は「偉大な始原という名を持つ年」は中国の年号の「上元（760-762）」だとする[4]）.

(2) 一般に Mahrnāmag と呼ばれているマニ教中世ペルシア語文書 M1 の奥書の内容（M1 はトルファン出土で，保義可汗（808-821）の時代に書かれている）：

「マニの誕生（216）後 546 年（つまり 762 年[5]）に Mahrnāmag は書き始められたが，完成できず Ark= カラシャールの僧院に放置されていたのを，いまここに完成させた」（森安 2015a, pp. 27-31 から要約）.

(3) 李徳裕の『会昌一品集』巻 19 の記事：

「摩尼教天寶以前中國禁斷. 自累朝緣回鶻敬信始許興行. 江淮數鎮皆令闡教」（Chavannes/Pelliot 1913, p. 295）

(4) マニ教ウイグル文書 U72-U73（牟羽可汗とマニ教僧侶の会話）：

牟羽はマニ教を信仰しなければ天国にいけないと言われてそのことを非常に憂慮した；ウイグルにおけるマニ教布教を Tarkhan と呼ばれる者が妨害し信徒を迫害している；牟羽は最初マニ教を受け入れたが，後に気が変わった. しかし，最終的に信仰を受け入れた（森安 2015a, pp. 9-23 から該当部分を要約）.

---

4) 唐の高宗時代にも上元（674-676）という年号は存在し，そちらに比定される場合もあるという（森安 2015, p. 540）. なお，Clark（2017）は，本稿で扱うウイグル文書のうち 81TB10:06-3a 以外のすべてを再校訂しているが，マニ教史の解釈に関しては Clark（2000, 2009）の見解を踏襲して，変更はない.

5) Clark（2000, p. 100）は，生誕後 546 年とは，545 年から 546 年までの年を指すとして，761 年に比定している. いずれにしても 762/3 年に洛陽で起こった事件と，M1 で記録されている事件との間に直接の連関は認められない.

(5) KB碑文の漢文版VIII-IX (Chavannes/Pelliot 1913, pp. 197-198のテキスト):
(VIII) 于時, 都督・刺史・内外宰相＝＝＝(IX)云(?)今悔前非, 願事正教. 奉 ○旨宣示, 此法微妙, 難可受持. 再三懇＝. 往(?)者無識, 謂鬼爲佛. 今已悞真, 不可復事.
Clark (2000, p. 88) はChavannes/Pelliotのフランス語訳に従って次のように英訳している : Then the military governors (*totok*), the district magistrates (*čigši*), the internal and external counselors and the [...] said: "Now we repent of our former faults and we desire to serve the true religion." An edict [of Bügü Khan] announced the following proclamation: "This religion is subtle and marvelous; it is difficult to receive and observe. Twice and thrice [I have studied it] with sincerity. In the past I have been ignorant and called the demons 'Buddha'. Now I have comprehended the truth and I can no longer serve [these false gods].")

Clarkによれば, 史料(1)と(2)から, 牟羽可汗が761年までにはマニ教と遭遇していることが明らかになる. 史料(4)と(5)[6]は, 762/3年の段階で牟羽可汗がマニ教に改宗するかどうか逡巡していることを示すので, これらも762/3年以前にマニ教を知っていたことがわかるのだという. これに対して史料(3)には, 中国では天宝年間 (741-755) まで厳禁されていたマニ教が, ウイグル可汗国からの圧迫によりそれ以降は許されるようになったことが記されている. Clark (2000, p. 114) はまた別にウイグル語文書U1にある以下の記事に着目している.

6) (5)では,「再三懇＝」の破損部を"Twice and thrice [I have studied it] with sincerity"と補い, これ以前に, 何度もマニ教の教義を理解しようとしたという理解をしている. 下で示すように, 森安・吉田は一部残画が残る4番目の漢字を,「懇 (ねんごろに)」とのコロケーションを考慮して「請」と読んでいる (森安 2015, pp. 542-543も参照せよ).

täŋgri-kän uyɣur boquɣ/boɣuɣ xan qočo-ɣaru kälipän qoyn yïlqa üč maxi-stak olurmaq üčün možakkä kingädi「テングリケン（天なる君主，聖君主）なるウイグルのボクグ汗は高昌にお越しになって，羊歳に3（人の）マヒスタクが（モンゴリアに）着任するようにと慕闍（モジャク）に相談した」（森安 2015a, pp. 31–37）.

Clark はそこに見える boquɣ 汗を牟羽（Bögü/Bügü）と同一人物と見なせば，その羊歳は755年に当たるとした．そして王子時代の牟羽はこの頃に，ウイグルの西方攻略の過程でマニ教僧侶に出会い，マニ教に興味を持った可能性があることが，この文書から推測されるとした．

1-2　森安（2015）[7]と吉田（2015）及びその後の展開

これに対して森安（2015）は，Clark の論拠の(2)以外は曖昧で決定的とは言えず，(3)は的外れであるとする．森安自身も，762/3年以前の改宗を考えているが，その根拠として牟羽可汗がたった一度の偶発的な事件でマニ教に改宗することは不自然であり，それ以前からソグド人を通じてマニ教に関する知識はあったに違いないと考えている．また Boquɣ 汗は Bögü ではなく，安部健夫が論じるように第7代懐信可汗（在位795–808）のことであるとして，U1の羊歳を803年に比定している．これ以前 Clark は2009年に，Boquɣ 汗が明らかに発音の異なる Bögü 可汗と同一人物であることを示すために論文を発表し，Boquɣ は九姓鉄勒の部族の一つである僕固のことであり，牟羽可汗はその部族の出自であったとした．しかし森安（2015, pp. 547–553）が正しく指摘する通り，牟羽可汗はウイグルの可汗家であるヤグラカル氏出身であり，Clark の暴論

7）ここで取り上げる森安の論考は「東ウイグル＝マニ教史の新展開」（『東方学』126, 2013, pp. 142–124）であるが，そのもとになったより詳しい論文が森安（2015, pp. 503–547）に掲載されており，本論文ではこちらを利用している．

は受け入れられない.

筆者は2015年の段階で，森安が重要視する(2)においてさえウイグルに対する言及はないのであるから，伝統的な762/3年説を廃棄する理由は存在しないという消極的な立場に立った（吉田 2015, pp. 41-42）．しかるにP. Ziemeが発表したベゼクリク出土のウイグル語文書（81TB10:06-3a）は，小断片ながら初期ウイグル・マニ教史に関する重要な情報を含んでいた．Ziemeの論文は2009年に発表されていたが，筆者は2015年当時まだその重要性に気がついていなかった．筆者は2019年にKB碑文のソグド語版の改訂版（吉田 2020）を完成するとともに，森安と共同で漢文版のテキストを全面的に改定し（森安・吉田 2019），その改訂されたテキストから従来知られていないマニ教関係の情報を得ることができた．そして81TB10:06-3a，KB碑文の改訂版から得られる情報，それに従来から知られていた事柄を組み合わせることで，初期ウイグル・マニ教史に関する知見を深めることができることが分かった．

2　81TB10:06-3a

トルファンのベゼクリク千仏洞では1980年と1981年に大規模な発掘が行われた．その際発見された大量の文書の一つが81TB10:06-3a（以下81TB10と略す）である．モンゴル期に特徴的な草書体のウイグル文字で書かれたこの小断片を解読したのはP. Ziemeであった（茨黙，王丁（訳）2009）．森安（2015, pp. 503-547）は東ウイグル・マニ教史を扱う論文の中でこれを取り上げ日本語に翻訳している．12行からなる全体を内容の点からa)～g)の7段落に分けて，森安の日本語訳と，Ziemeの英訳を提出する[8]．議論の上で重要と考えられる部分には下線を付した．

8）P. Zieme教授は2009年の論文の改訂版を英語で発表する予定で，筆者にその原稿を提供して下さった．

a）**01**……と共に忠告をとることによって薬草のように病気を……**02** ちょうど六十人の長老（=尊長）を選んだ．“[...] like the time (or: the advice) in consulting with [...] he chose exactly sixty seniors.”

b）Bulyat(?) Qarïlïg イナンチ（と？）牙帳都督を **03**……という命令を完遂した．“He completed the commandment to [...] Boltun Karılıg Inanč (and ?) Ordolug Totok.”

c）それからオルホン国（=東ウイグル帝国）で新宗教に入らせたことによって，二（人？度？倍？）**04**…… 続いて（?）ウッチの慕闍（or 辺境の慕闍）をオルホン国に招請し終えた．“There [or: thereafter] in [El] Orkun by having introduced for the new teaching two [...] they had asked imploringly the border region Možak to El Orkun.”

d）**05**（その慕闍は）……（オルホン国に）やってきて来るように企図したのであった．西方（=西域）のマニ僧は教義・教法を **06**……マニ僧は二百の経典と千匹の絹帛を縛って（=荷造りして？），二 **07**……これらの者は（?）トゥグリスタン・カラカングリ（=黒車）の道を来て（or 道で来て）イルティシュ（河）**08**［を越えて］“He had intended to come [to ...]. Western priest(s) [brought] the teaching that [...] the [pr]iest(s) fastened 200 books, 1000 pieces of silk (on the camels), two [...] they came (from) Tuγuristan on the Kara Kaŋlı way, [crossing the river] Ärtiš [...]”

e）牟羽ハンがじぶんを先頭にしてお迎えに行って，大いなる尊敬の念をもってオルドゥ（=牙帳，宮殿）**09**［にお迎えした.］“Bögü Han himself went as first (to greet) them, in great veneration he brought them [into] the Ordo [...]”

f) そのとき，オルホン国にいる中国から**10**［やって来たマニ僧が？］……合流（集合）して，神聖なるマニ仏がこの世に**11**……見つけた（or となった).「それらの言葉を何であれ我らは話すであろう .」"At that time (those) of El Orkun joined (those coming) from China, since the godly Mani Buddha [came] into the world, he became [...]. We will speak these words altogether."

g) **12**……牟羽ハンは一（つ？人？）の黒い？［以下欠］"[...] Bögü Han one Kara [...]"

この文書の内容で特に着目すべき点は，下線を施した部分である．箇条書きにすると：

(i) 慕闍本人がカラバルガスンまで行き，牟羽可汗が自らそれを出迎えた.

(ii) 慕闍はその際 Tuγuristan から Qara Qanglï 道をとり，イルティシュ河を渡りオルホンに至った.

(iii) 慕闍は原文では［　］'yw 'wc mwš'k とあるが，Zieme の訳では the border region (= uč) Možak と呼ばれる；森安はウッチ（地名）の慕闍と考える[9].

(iv) オルホンの宮廷を訪問する際，慕闍はマニ教の書物を 200 冊と，絹 1000 匹を持参した.

2-1　81TB10 に見られる記事の年代と歴史的背景

森安（2015, p. 547）はここに記録されている事柄が，762/3 年の洛陽事件以前か以後かは分からないとしている．しかし実は KB 碑文の漢文

9) 森安が地名とするウッチは，アクスの少し西にあるオアシス都市である．Zieme は当初 üč「3」の可能性を考えていた.

版の10行目に対応する記事が見つかる．そこでは洛陽事件以降ウイグルにマニ教が広く信仰され後のこととして「自後，慕闍と徒衆は東西に循環し，往來して教化す」とある．そして対応するソグド語版は破損が大きいものの，慕闍の名前が残されている．

X：法王聞受正教，深讃虔**＝**，**＝＝＝＝**，**＝**黙*傒*悉*德*領諸僧尼，入國闡揚．自後○慕闍徒衆，東西循環，往來教化．「法王は（ウイグルが）正教を受けたるを聞きて，深く虔**＝**を讃え，［……］，黙傒悉德は諸僧尼を領して，入國し闡揚す．自後，慕闍と徒衆は東西に循環し，往來して教化す．」
<12行>（6）］（'sky）ZY c'δr c'nkw βγy（mry）nyw(rw)'n m(w)z-'k(')［大きな破損(Frag.Rus.)］(p)wrst'y mrts'r ［rty ZKwy（Frag.Paris）'xš']w'nty **<13行>**（1）［w］(yδβx)s pw z-r'yš wβ'「**<12行>**（6）マニ教徒たちは往来した(?)］上方と下方に(＝東西に)．神（のごとき）マール・ネーウ・ルワーン慕闍は［オルホンの宮廷にやってきた(?)<大きな破損>］**<13行>**こちらに帰った．そして領土の各地に(1) 広まり，(往来に？) 途切れることがなくなった．」

Chavannes と Pelliot は「慕闍徒衆」を「慕闍の弟子たちの群衆」と翻訳しているが[10]，「慕闍とその弟子たちの群衆」の解釈も可能であり，81TB10はその解釈が正しいことを示している．保存状態が良い漢文版で見れば，この記事は779年にあった牟羽可汗の崩御の記事の直前にある．したがって763年から779年までのどの年でもあり得るが，7行目から始まる洛陽事件及びマニ教の受容に関する記事から途切れなく続くマニ教関連の記述の最後でもあり，洛陽事件以降のそう遠くない頃のこ

10）Chavannes and Pelliot（1913, pp. 195–196）: "la foule des disciples du *mou-chŏ*"；Clark（2000, p. 88）では"throng of disciples of the Teacher（*možak*）"と訳している．

とであった可能性が高いだろう[11]．慕闍の名前がnyw rw'nであることも注目される[12]．森安とZiemeで解釈が異なるウイグル語の形式は，写本では［　］'yw 'wc mwš'k[13]のように読めるが，'ywはnywと同じ字形になるし，'wcはソグド・ウイグル文字で表記したrw'nとよく似た外見になる．すなわち語頭の'-は，草書体ではr-と区別しにくい．また語末で長い尾をもつ-cは，語末の-'nとある程度似ている．筆者は現状では解釈が難しい'yw 'wc mwš'kは，慕闍の固有名詞が忘れ去られた時代のnyw rw'n mwš'kの崩れた表記だと考える．この推定が正しければ，破損部にはtnkry mry「神（のごとき）マール」を補えるかもしれない．

筆者が牟羽のマニ教改宗の時期との関連で注目したのは(iv)の事柄であった．慕闍がオルホンの宮廷に持参した200冊のマニ教写本は，Tuγuristan[14]すなわちカラシャールにあった教会で書写されたはずで，そのこととMahrnāmagの奥書の内容との関連である．このMahrnāmagは，モンゴルに持参する写本の一つとして書写が開始されたが，膨大な数の讃歌を含むこの写本は完成に手間取って，慕闍の出発に間に合わなかったと推定するのである．実際Clarkや森安だけでなく，多くの研究者はMahrnāmagの奥書の記事をウイグルのマニ教と関連付けていた．この推定が正しければ，確かに牟羽可汗のマニ教改宗は，762年より以前であったことになる．そしてその観点でU72-U73の内容を見てみれば，牟羽可汗はマニ教僧侶の説得によりマニ教に改宗することを決心した後に戴冠し玉座に座ったと書かれている：「その時，天王が［集会場に］入って，彼のディアディム冠を彼の頭に置いた．自分の紅い［ガウン？を］羽織って，金ぴかの玉座の上に座った（森安 2015a, p. 23）」．このように759年に即位したことが分かっている牟羽可汗は，マニ教を信仰する可汗として即

11）この点に関しては下述する敦煌出土のチベット語文書の解説も参照せよ．

12）この同じnyw rw'nという慕闍は，安史の乱の時代の事件を記録するマニ教ウイグル語文書にも読み取れるという（森安 2015, pp. 25-26）．

13）mwš'kは，mwž'k「慕闍」の後期の形式である．

14）TuγuristanがカラシャールをXすことについてはYoshida（2018）を参照せよ．

位しているように見える.

筆者はこの推測をさらに一歩進めて，U111aの「偉大な始原（’wlwγ b’šl’γ）という名を持つ年」とは，唐の年号の「上元」の翻訳などではなく，マニ教が正式にウイグルの国教の地位を得た年，すなわち牟羽可汗の即位年を指しているのではないかと推定する．上元のような中国の年号を，意訳することはソグド語文献には見られないし，森安によればウイグル語文献でも他には見られないという[15]．U72–U73から，牟羽は即位前からマニ教の布教を受けていたことが判明する．最初の布教が何時であったかは分からないが，第2代可汗のときに，モンゴル高原に城郭都市Baybalïqを中国人とソグド人たちのために建設しているから，そんな時期が一つの候補であろうか.

3　洛陽事件の実際とその後の展開

それでは洛陽で牟羽可汗に何があったのだろうか．漢文版にはない情報がソグド語版の10行目には見えている.

(1) (δβ)tyk(w) ’nxw(n)cw ’krtw δ’r’nt s’t δynykt *”z-y<r>’nt ZKw βγy m’rm’ny δynh (w’βr) c’nkw ’yny (n’p)t ’βškrty wβ’ βγy ’xš(’)y-wny ‘M ’r(p)[s(2)]t’kw ’(s)p’δy pr’yw mδy (’w)ytwk’n z-’y(h)[(4) s](’r ”γ’)z-’nt ”(γ)t[　　　　　]kw s’t•γ•t (rt)[yある程度破損(6)] (n) ctβ’r ptšm(’r••••δ•••) [大きな破損]「(1) 彼らは再び戦闘を行なった．異教徒たちはみんな神なるマール・マーニーの宗教をそれほど迫害した．この人々が追放されたとき，神（のごとき）帝王は(2)強力な軍隊とともに，ここオチュケンの地に連れて来はじめた［<あ

15) 森安（2015, p. 540)．これはコータン語文献でも同様で，中国の年号を意訳するという発想は，中央アジアにはおよそ存在しなかったように見える.

る程度破損＞(6)］数にして四［＜大きな破損＞］」

これによれば，洛陽にいたマニ教徒たちは迫害を受けていて，それを見た牟羽はマニ教徒をモンゴルに連れて帰ったようである．その中国から連れて帰った僧侶は一般には4人とされているが，森安・吉田の読みでは5人で，そのうちのリーダー格は「法師」と呼ばれている．そしてこの法師はモンゴル高原でmahistagになったらしい．つまりそこにあった教会の長（法堂主）になったようだ[16]．このときにはじめて正式なマニ教教会が設置されたのかもしれない．

(VII) 可汗乃頓軍東都，因観風〓〓〓〓〓〓〓〓〓〓〓〓〓〓法(VIII)*師*，將睿息等四僧入國．闡揚二祀，洞徹三際．况法師妙達明門，精*通*七部，才高海岳，辯若懸河．故能開正教於迴鶻．〓〓〓〓〓〓〓〓〓*對*爲法，立大功績，乃爲*黙*傒悉徳．（可汗は乃ち軍を東都に頓し，因りて観風して［……法］$_{08}$師は睿息ら四僧を將いて入國し，二祀を闡揚（せんよう）し，三際に洞徹す．况（いわ）んや法師は明門に妙達し，七部に精通し，才は海岳より高く，辯は懸河の若（ごと）し．故に能く正教を迴鶻に開く．［……應］對して法の爲（ため）に大いなる功績を立て，乃ち（法師？は）黙傒悉徳と［爲（な）る］.）

この牟羽可汗が洛陽から連れて帰った僧侶たちの活躍によりウイグル国内でマニ教は大いに広まったようだが，上で一部引用した漢文版のVIII-IXに見える記事はどう理解されるのであろうか．ここでは森安・吉田のテキストと書き下し文を，後続の文脈を含めて引用する．

(VIII) 于時，都督・刺史・内外宰相〓〓〓〓〓〓「〓〓〓〓〓〓〓〓

16) マニ教の教会組織では，mahistagの地位の僧侶は全体で360人いた．敦煌出土の漢訳マニ教文献『摩尼光佛教法儀略』では，「第三 三百六十 默奚悉徳 譯云法堂主（『大正大蔵経，vol. 54, no. 2141A, p. 1280c02』)」とある．「默奚悉徳」はmahistagの音写である．

（IX）〓今悔前非，願事正教．」奉〇旨宣示，「此法微妙，難可受持．」再三懇*請*．「*往*者無識，謂鬼爲佛．今已悞真，不可復事．特望〓〓，〓〓〓〓．」〓〓〓*曰*，「既有志誠，任即持賫應有刻畫魔形，悉令焚爇．祈神拜鬼，並〓〓〓．〓〓〓〓〓〓〓〓〓〓〓「時に都督・刺史・内外宰相らは［……］「［……］$_{09}$今は前非を悔い，正教に事えんことを願う」と．旨を奉ずるに宣示すらく，「此の法は微妙にして，受持す可きこと難し」と．（都督・刺史・内外宰相らは）再三懇請すらく，「往者は識る無く，鬼を謂いて佛と爲す．今や已に真を悞り，復び事える可からず．特だ（＝ひたすら）［…］を望む」と．（可汗は）曰く「既にして志誠有り，即ち應有刻畫魔形を持賫して，悉く焚爇せ令むるに任す．神を祈り鬼を拜するは，並な［…］（中止せよ）」と．」

Clarkの解釈同様，我々の解釈でも「今悔前非，願事正教．」は，牟羽可汗の臣下たちの言葉であり，家臣たちが前非を悔いてマニ教を信仰したいと可汗に懇請している．しかしこれ以降は，従来の解釈では可汗が主語と考えられてきたが，ソグド語版を見れば，主語は引き続き家臣たちである．例えば「*往*者無識，謂鬼爲佛．」に対応するソグド語版の文言は11行目に見える：ptkwnw pδkh δ'rymskwnw ZKn δywty 'spyšymskwnw「私たちは誤った法を持ち，悪魔に仕えています」で，この文の動詞は1人称複数形になっている．また「（此法微妙，）難可受持．」に対応する同じく11行目の文は，[']šm'xw L' ptcγt kwnδ'「おまえたち方は受け入れることはできない」となっていて，主語は2人称複数形になっている．つまりこの箇所はU72-U73にある，マニ教僧侶と可汗の会話及び可汗の悔悟とは決して比較できない．むしろU72-U73で言及されていた，マニ教の布教を妨害したTarkhanのような宮臣たちが，中国からの僧侶の活躍もあってマニ教を信仰するようになり，前非を可汗に悔いている場面である．そしてそのことは洛陽事件以降に起きている．

このように中国から来た僧侶と中央アジアから来た僧侶の2種類がモ

ンゴル高原には存在した．中央アジアからきた僧侶を81TB10では「西方のマニ僧」と表現して区別している．そしてその西方の僧侶たちがモンゴル高原のオルホンにあった宮廷にたどり着くルートは，イルティシュ河を渡りアルタイ山脈を越えるもので，Qara Qanglï 道と呼ばれている．これより100年ほど前，西突厥の阿史那賀魯討伐軍を率いた蘇定方はモンゴル高原からアルタイ山脈を西に越え，イルティシュ河を渡ってイリ（伊麗），そして砕葉に向かった．この行軍のルートに関する松田（1970, pp. 341-351）の研究によれば，イリにいたる直前に北から金牙山を越えているが，その山は『新唐書』では車嶺とも呼ばれていると言い，原語がトルコ語のKangli（= qanglï「車」）であった可能性を指摘している．Qara Qanglï 道がそれと関係するなら，81TB10の慕闍の一行は，カラシャールからいったんイリ方面に向かい，そこから蘇定方のルートを逆にたどってモンゴル高原に向かったのであろう[17)]．

3-1　Pelliot tibétain 1283との比較

森安は，自身が研究した敦煌出土のチベット語文献Pelliot tibétain 1283に見える以下のような記事と81TB10との関連を推定している．

その（ウイグル）の西方を見ると，カルルク三部族がいて，軍隊が八千人いる．（このカルルクは）突騎施及び大食と戦った．この東方を見ると，オグラグ（Og-rag）三部族がおり，大ウイグルの方を見ると，マニ教徒（Ne-shag）が宗教の教師を求め，呼び寄せるための援助をしており，（オグラグ）がウイグルと戦った．

森安の言葉を引用する：「私自身が解決できなかったのは，P.t. 1283文書

17）Qara Qanglï を中央アジアにいた民族名と解釈する可能性については，森安（2015, p. 556, 注30）を参照せよ．ちなみに松田は，弓月の原語はKangliだと考えている．

全体の対象となっている8世紀中葉（760年代を含む）において，ウイグル本体に関する記述部分にマニ教の情報が見られないのに，なぜウイグルから見て遙か西方のイルティシュ河の西側にいたオグラク族の項にマニ教の記事が現れているのかという点であった．しかしながら，今や歴史書断簡81TB10:06-3aの出現によって，その疑問の一端が解けたように思われる．つまりウイグルのマニ教導入は，カラバルガスン碑文から予測された中国経由だけでなく，西域経由にも比重を置いて考える方が良いのではないだろうか」（森安 2015, pp. 546-547）．筆者はこれを一歩進めて，P.t. 1283の問題の記述と81TB10に記録された出来事は，全く同一の事柄を表しているのだと考える．森安（2015, pp. 127-128）に依れば，P.t. 1283は安史の乱の直後の状況も反映しているので，時代的にもぴったり対応する[18]．なおここに言うオグラグ（Og-rag）は，発音の類似性から考えれば，西突厥の咄陸部に属する胡禄屋に比定されるのであろう．胡禄屋部がいた場所については内藤（1988）の巻末の折り込みの地図を参照せよ．

3-2 Boquγ をめぐって

懐信可汗の別名であるBoquγという形式は西ウイグル国時代の文書にしか現れない．そのことを明瞭に示す証拠としては，チュー川流域で発見される2種類のウイグルコインをあげることができるだろう．一つは銘文がソグド語で書かれている．片面はyγl'xr xwβw pny xcy「（これは）ヤグラカル（族の）王の銅銭である」，もう一方の面にはprnxwnty wβ't「栄光あれかし」と書かれている．二つ目は銘文がウイグル語のコインである．一方の面にはkwyl pylk' tnkry pwxwx 'wyγwr x'γ'n「智

18）むしろ安史の乱以降の事柄を記録している81TB10と同じ事柄を含んでいる点を踏まえて，P.t. 1283の成立年代を考えるべきなのかもしれない．

慧海の如きBoquγ[19]ウイグル（の）可汗」，もう一方の面にはil twtmyš yrlγynk'「Il Tutmišの命令により（発行された）」と読むことができる．すでに筆者が論じたように，チュー川流域は懐信可汗の時代に東ウイグルの影響下に入ったので（吉田 2018, pp. 161–164），ここに見られるウイグルのコインは懐信以降の東ウイグル可汗国のコインであるはずで，ヤグラカル氏出身ではない懐信が即位した後でも，可汗家であるヤグラカルの名前でコインが発行されていたことになる．エディズ氏出身の宰相であった懐信は，いったんヤグラカル氏の養子になる形で可汗になったことが，KB碑文から確認されるから（吉田 2011, pp. 16–17），東ウイグル可汗国の可汗は懐信可汗即位後も，名目上はヤグラカル氏出身であった．東ウイグル可汗国時代のコインの銘文が，ソグド語であることも注目される．また動詞β(w)-の3人称単数接続法のwβ'tが，マニ教ソグド語に特徴的な形式であることも興味深い．

懐信可汗の血を引く可汗たちの西ウイグル国の時代になると，可汗たちは，懐信をBoquγと呼んで自分たちの始祖であることを強く意識していたようだ[20]．つまり二つ目のコインの銘文の「Boquγウイグル」とは，「Boquγを始祖とするウイグル」の意味に違いない[21]．実際，このコイン以外の西ウイグル国時代の文献に現れるBoquγには，Boquγ töz「Boquγ起源」やBoquγ uγuš「Boquγ氏」のような用例がある（森安 2015, pp. 547–553）．そうすると，このコインを発行した西ウイグルの可汗の固有の名前はIl Tutmiš「(原義）国を鎮護する者」であったことになるであろ

19）吉田（2018, p. 164）ではBoquqと読んだが，ここでは森安に従いBoquγと転写する．

20）東ウイグル可汗国時代から懐信可汗を特別視していたことは，KB碑文において懐信可汗を天可汗と呼んでいることからもうかがわれる．そして天可汗の前に置かれる空格は，通常の可汗とは異なり1文字ではなく2文字分になっている．古くから第8代保義可汗か懐信可汗かで議論のあったKB碑文の天可汗を，懐信可汗に比定する論拠に関しては，森安・吉田（2019, pp. 9–12）参照．

21）ちなみに森安（2015, p. 484, 脚注22）の解釈は，［表］「智（恵）海（の如き）天神なるボクグ（という名の）ウイグル可汗」／［裏］「国を鎮護する者の勅命によって（発行した)」である．

う．確かに西ウイグル国には，1019年の段階で可汗であったKün Ay Tängridä Qut Bulmïš Uluγ Qut Ornanmïš Alpïn Ärdämin Il Tutmïš Alp Arslan Qutluγ Köl Bilgä Tängri Xanという称号を持つ可汗が存在した（森安 2015, p. 694）．この可汗の時代西ウイグル国の勢力はチュー川流域にも及んでいたようなので（Hamilton 1986, p.XVIII），このコインを発行した可汗と見なすことも不可能ではない[22]．

なお既に森安（2015, p. 550）が指摘しているように，上で紹介した西ウイグル国時代の遅い時期の写本81TB10においても，牟羽可汗はBögü（pwykw）と呼ばれBoquγと呼ばれることはないから，両者は別の人物を指していることは明らかである．

4 おわりに

戴冠式の儀式を執り行う宗教としてマニ教を選択することにも現れている，牟羽可汗の対外積極策を展開する革新的な政治は，守旧派からは疎まれたに違いない．牟羽可汗は779年に反マニ教勢力により暗殺され，彼の国策の一翼を担うウイグル国内のソグド人たちも殺害され一掃された．このときにはウイグルにおけるマニ教信仰も中断したに違いない．牟羽可汗の施策を復活させたのは，第二ウイグル王朝の祖であり，後にBoquγと呼ばれることになる懐信可汗であった．カラバルガスン碑文の

22）称号にil tutmïšを含む西ウイグル国の可汗は，敦煌出土のウイグル語文献にも知られている（Hamilton 1986, Text 5, line 9', pp. 43, 50; Zieme 1992, p. 324）：Kün tngridä qut bulmïš ärdämin il tutmïš alp qutluγ bilgä uyγur tngri uyγur xan. Hamiltonはこの可汗を同じく称号にil tutmïšを含む牟羽可汗に比定しようとし，Ziemeは1019年の可汗に比定することを提案している．11世紀の初めに封蔵された10世紀のウイグル語文書に見られる人名を，この二人の可汗に比定するのには無理があるように思う．とは言え，Ziemeがil tutmïšという人名（称号）要素は非常にmarkater「特徴的」であるとするのは参考になる．森安孝夫大阪大学名誉教授は私信によって，il tutmïšが漢語の「鎮国」に対応し，それを尊称の一部とする西ウイグル国の可汗が複数いた可能性を既に指摘していることに（森安 2015, p. 366），筆者の注意を喚起して下さった．

ソグド語版の16-17行目には，彼の時代に牟羽の時代のマニ教信仰を復興したことが明瞭に記録されている．

c'nkw /17/ (1) (••••)[ ](p)wkw 'xšy-wn'k z-mnyh ''xw'š wβ' ZY wyδp't δ(yn)m(y)ncw pts'k δ(βty)w k'm ''(x)w('š)t「(1) [⋯]牟羽帝王の時に''xw'š（不明語）があったように，その時に宗教のモニュメントをもう一度''xw'š（不明語）しようと欲した.」

残念ながら''xw'š/''xw'štの意味は不明だが，マニ教の復興がテーマになっている事は疑いない．近年のドイツ隊が，KB碑文が発見された建築遺構コンプレックスを発掘した際の報告書によれば，この遺構はかつて一度改築されたようで，2段階の建築層があるという（Dähne 2016, p. 36; idem 2017, pp. 27-85）．ソグド語版のこの箇所は，そのことと関連するのかもしれない[23]．いずれにしても，懐信可汗以降西ウイグル国時代の11世紀初めまで，マニ教はウイグルの国教の地位を得ていた．ウイグルにとってマニ教は，周辺諸国家との差別化を行う際に最も便利なツールであり，ウイグルの対外積極策の象徴であったようだ．西ウイグル国が11世紀以降内向きになり周辺国との共存を図るようになると，その宗教は急激に仏教へとシフトすることになった．

【参考文献】

和文・中文

内藤みどり（1988）『西突厥史の研究』東京

松田寿男（1970）『古代天山の歴史地理学的研究』増補版，東京

森安孝夫（2015）『東西ウイグルと中央ユーラシア』名古屋

森安孝夫（2015a）『ウイグル＝マニ教史史料集成』（＝『近畿大学国際人文科学研究所紀要』平成26年度版），大阪

23）吉田（2020, pp. 138-148）には，主にKB碑文の記録によって，牟羽可汗以降も含めて東ウイグル可汗国時代のマニ教史をまとめてあるので参照されたい．牟羽可汗時代の説明は一部本稿と重複している．

森安孝夫・吉田豊（2019）「カラバルガスン碑文漢文版の新校訂と訳注」『内陸アジア言語の研究』XXXIV, 1-59 頁
吉田豊（2011）「ソグド人と古代のチュルク族との関係に関する三つの覚え書き」『京都大学文学部研究紀要』50, 1-41 頁
吉田豊（2015）『中国江南マニ教絵画研究』京都（古川攝一と共編）
吉田豊（2018）「貨幣の銘文に反映されたチュルク族によるソグド支配」『京都大学文学部研究紀要』57, 155-182 頁
吉田豊（2020）「9 世紀東アジアの中世イラン語碑文 2 件―西安出土のパフラビー語・漢文墓誌とカラバルガスン碑文の翻訳と研究―」『京都大学文学部研究紀要』59, 97-269 頁
茨黙（王丁訳）「有関摩尼教開教回鶻的一件新史料」『敦煌学輯刊』2009/3, 1-7 頁

欧文

E. Chavannes and P. Pelliot（1913）. “Un traité manichéen retrouvé en Chine（deuxième partie）”, *Journal Asiatique* 11, 99-199, 261-394
L. Clark（2000）. “The Conversion of Bügü Khan to Manichaeism”, in: R. E. Emmerick, W. Sundermann, and P. Zieme（eds.）, *Studia Manichaica. IV. Internationaler Kongreß zum Manichäismus, Berlin, 14.-18. Juli 1997*, Berlin, 83-123.
L. Clark（2009）. “Manichaeism among the Uygurs: The Uygur Khan of the Bokug clan. In: J. D. BeDuhn（ed.）, *New light on Manichaeism. Papers from the sixth International Congress on Manichaeism,* Leiden / Boston, 61-71.
L. Clark（2017）. *Uygur Manichaean texts. Texts translation commentary. Volume III: Ecclesiastical texts,*（Corpus Fontium Manichaeorum. Series Turcica III）, Turnhout.
B. Dähne（2016）. “Karabalgasun – City layout and building structures,” in: L. Russell-Smith / I. Konczak-Nagel（eds.）, *The Ruins of Kocho. Traces of Wooden Architecture on the Ancient Silk Road*, Berlin: Museum für Asiatische Kunst, pp. 35-41, incl. figs. in colour.
B. Dähne（2017）. *Karabalgasun – Stadt der Nomaden. Die archäologischen Ausgrabungen in der frühuigurischen Hauptstadt 2009-2011.* Wiesbaden: Reichert Verlag.
J. Hamilton（1986）. *Manuscrits ouïgours du IXe-Xe siècle de Touen-houang.* 2 vols., Paris.
W. Sundermann（2009）, “MANICHEISM v. MISSIONARY ACTIVITY AND TECHNIQUE,”*Encyclopædia Iranica*, online edition, 2009, available at http://www.iranicaonline.org/articles/manicheism-iv-missionary-activity-and-technique-（accessed on 27 May 2022）.
Y. Yoshida（2018）. “Farewell to the Teacher of Four Twγryst’n,” in: Zs. Gulacsi（ed.）, *Language, society, and religion in the world of Turks: Fest-*

schrift for Larry Clark at seventy-five, (Silk Road Studies XIX), Turnhout, pp. 267–279.

P. Zieme (1992), "Manichäische Kolophone und Könige", in: G. Wiessner / H.-J. Klimkeit (eds.), *Studia Manichaica. II. Internationaler Kongress zum Manichäismus. 6.–10. August 1989. St. Augustin/Bonn*, Wiesbaden, pp. 319–327.

P. Zieme (forthcoming). "A new document about the introduction of Manichaeism in the Uygur Empire".

『靖康稗史』の「出現」について
――『謝家福書信集』所収史料の紹介――

毛　利　英　介

はじめに

本稿は、『靖康稗史』の清末における「出現」について論じ、その真贋について検討するものである。

『靖康稗史』とは、その名の通り北宋が金によって滅ぼされた靖康の変前後の時期を扱った野史である。それだけに宋側にとって悲惨とも評すべき内容を含み、近年では「性暴力」という観点から検討する研究も存在する（程郁 2020）[1)]。なお『靖康稗史』は単独の史料ではなく、「宣和乙巳奉使金国行程録」（以下「行程録」と略記）・「甕中人語」・「開封府状」・「南征録彙」・「青宮訳語」・「呻吟語」・「宋俘記」という合計七種の史料の総称であり、附される耐庵の序文（以下、「耐庵序」[2)]）によれば、詳細は省くが南宋の成立である[3)]。七種の史料のうち「行程録」以外は他書に見えず[4)]、また金人の手になる或いは金側の史料に基づくとされるも

1）関連して附言すれば、一部で有名な「洗衣院」なる語も管見の限り『靖康稗史』にのみ出現するものである。

2）文末に附録として原文を引用する。以後、本文や附録での史料引用中における［　］は細字注を示すものである。なお『靖康稗史』には、「耐庵序」の他に後述の「遺徳序」も附されており、「遺徳序」についても文末附録に引用する。

3）『靖康稗史』の伝来や所収の各史料に関する通説的な理解は、後述の『靖康稗史箋証』の崔文印による「前言」を参照。

4）「行程録」は『三朝北盟会編』巻 20 及び『大金国志』巻 40 にも収録され、史料としての真実性に問題はない。ただしそれらのテキストの間には大きな異同があるが、それは別稿で論ずる。

のがある点も独自性が高いと考えられる。一種についてだけやや具体的に述べれば、「開封府状」は複数の金側から開封府への文書から構成され、外交文書に関心がある筆者の関心を引くものである。

『靖康稗史』の版本としては、以下の二種の標点本が大陸で出版されている。一つは『靖康稗史箋証』であり[5]、これが現在の通行本である。中華書局の叢書に収録された結果、近年利用が広がっている印象がある。いま一つは『靖康稗史注』[6]である。そしてこれらの標点本が刊行される以前は「乙卯叢編」本の『靖康稗史七種』が流通していた[7]。『靖康稗史』が世に広く知られたのはこれ以降と見てよかろう[8]。更に言えば、戦後に台湾で『靖康稗史七種』の影印本が出版されたことが『靖康稗史』が本格的に世に広まった契機と考える[9]。

ここで重要なのが、上記の三種の版本は全て直接・間接に現在南京図書館蔵で丁丙旧蔵の清光緒年間の鈔本に由来し、且つそれ以前の版本の存在は基本的に知られないことである。『靖康稗史』に関する書誌学的検討の現状最良の成果である鄧子勉 2002 の周到な調査の結果から上記は明らかだが、鄧子勉は『靖康稗史』の真贋について疑問を持たないため、この点を強調しない。だが筆者はこのような状況から『靖康稗史』という書物の真贋に疑問を持ち、「出現」という微妙な表記をとっている。

これに加えて、本論でも再述するが、『靖康稗史』はその成立年代とされる南宋以後清末まで公私の目録書に全く記載がないなど関連の情報が

5）中国史学基本典籍叢刊、中華書局、2010、縦組み繁体字。基本的に中華書局から 1988 年に刊行されたものの再版である。なお本稿では『靖康稗史』の真贋に疑義を呈するが、『靖康稗史箋証』の仕事は非常に丁寧なものであり筆者も裨益されていることを申し添える。

6）中州古籍出版社、1993、横組み簡体字。

7）1939、排印本。

8）具体例として、陳楽素 1986（初出 1936）が「行程録」の検討に『靖康稗史』所収テキストを用いていないことが指摘される。この点は、張其凡 2008 に指摘がある。

9）「乙卯叢編」全体としてではなく『靖康稗史七種』単独での影印としては、文海出版社の「宋史資料萃編第四輯」の一種として 1981 年に出版されている。推測だが、大陸での標点本の刊行も時期的に見ればこれを受けてのものかもしれない。

皆無である。また『靖康稗史』には今一つ遺徳なる人物の序文（以下、「遺徳序」）が附され、「遺徳」とは朝鮮王朝の第三代国王太宗の字であることから『靖康稗史』が元代以降において朝鮮半島で伝来したことが想定されているが、実際に『靖康稗史』が朝鮮半島で伝来したことを示す情報も筆者は知らない[10)]。つまり「耐庵序」・「遺徳序」ともに、それが拠るべきものであるという保証が存在しない。

その結果、『靖康稗史』に関する最古の確実な情報は、従来は丁丙による跋文（以下、「丁丙跋」）であった[11)]。本稿では、その「丁丙跋」と関わりを持ちつつそれを僅かに遡る記事を紹介し、『靖康稗史』の「出現」に対する検討の一助とすることを図る。そしてそれは『靖康稗史』の性質の理解にもつながるはずである。

ここで本稿の構成を述べると、第一章で「丁丙跋」を紹介した後に、第二章でそれを踏まえて『謝家福書信集』所収書簡中に見える『靖康稗史』関連記事を取り上げる。これは、「丁丙跋」を時期的に僅かに遡るものである。そして、それらの記事から『靖康稗史』との関連性が導き出される『燼餘録』なる書物について第三章で簡単に検討することとする。

1 「丁丙跋」の検討

本章では光緒壬辰＝18（1892）年の紀年のある「丁丙跋」[12)]の内容を紹介し、次章での『謝家福書信集』所収書簡の『靖康稗史』関連記事の検討に繋げる。なお「丁丙跋」は既知の史料なので本文において引用は

10）この点は門外漢でもあり、調査が行き届いていない部分があるかもしれない。諸家の指摘を請う。なお、「遺徳序」において朝鮮太宗（と思しき人物）の一人称が「朕」となっていることなどは、個人的には訝しく感じるものである。

11）『靖康稗史箋証』には、計九つの跋文が附載されており、そのうち最古である。

12）丁丙の跋文にはもう一つ光緒乙未＝21（1895）年に記されたと思われるものがあり、いずれも丁丙旧蔵本に附されたものであるが、こちらは本稿では取り上げない。よって本稿での「丁丙跋」とは光緒18年のものを指す。

せず、原文を末尾の附録に掲げて検討する形をとる。

「丁丙跋」の検討に先立ち、まずは丁丙について確認する。丁丙の生没年は1832-1899。杭州の人で、字は松生である。陸心源などと並ぶ清末四大蔵書家として著名であり、その蔵書は現南京図書館の基礎ともなっている。太平天国で被害を受けた杭州の文瀾閣四庫全書の復興に尽力したことでも知られる人物である（顧志興 2018 第四章）。

それでは以下、「丁丙跋」の内容を紹介する。その前半では、まず「蘇州の謝家福が『靖康稗史』を入手し、その写しを作成して自分に贈ってくれた」と述べられることが注目される。上述のように、南京図書館所蔵の丁丙旧蔵本が現在知られる事実上最古の『靖康稗史』で、且つその後刊行された版本の源であった。つまりこの一文は、清末における『靖康稗史』の「出現」の経緯の記述である。本稿で謝家福に注目する所以である[13]。そしてその際に入手先が「東洋」とされている。通常当該時期の「東洋」とは日本を指し、そのため『靖康稗史』は朝鮮で伝来し日本経由で清末に中国にもたらされたとの理解も出現する[14]。この点は、第二章で再論する。

次に謝家福から書簡が送られたことが述べられ、その内容が引用される。なお結論を先取りすると、第二章では実際にこの謝家福の丁丙宛ての書簡も確認することになる。そしてその内容は、「『靖康稗史』の内容を細かく検討すると、正史（=『宋史』）と異なる箇所がかなり多い（具体例略）。以前『三朝北盟会編』・『靖康要録』・『大金弔伐録』を借りて比較したことがあったが、互いに異同や詳略があるものの、書物自体は偽物ではなさそうである。ただ蔵書家の目録書に全く掲載されないので、疑わしいところがないとも言えない。」というようなものである[15]。『靖康

13）『靖康稗史』の伝来における謝家福の存在自体については、『靖康稗史箋証』「前言」でも既に注意が払われている。

14）例えば丁国鈞による跋文（『靖康稗史箋証』附録諸跋）。

15）（　）内は毛利の補注である。

稗史』の「出現」に立ち会った謝家福自身が、その真贋について一定の留保をしていたとされることには留意したい。そしてそれは、『靖康稗史』に関する記載が目録書に全く見えないという調査結果に基づく具体的な根拠による疑念であったとされる。

「丁丙跋」後半の内容の中心は「遺徳序」に対する検討だが、そこに現在見るべき価値はない。ただし『靖康稗史』がその悲惨な内容から中国では忌避され伝わらず、他方で外国ではそれを気にしないため伝来可能であり、結果中国の目録書に掲載がないのも不自然でないとし、謝家福が書簡で述べたという「偽物ではなさそうである」という結論に同意する。この理解が現在に至るまで概ね踏襲されているように思われる[16)]。

以上、「丁丙跋」を検討すると謝家福とその書簡が重要であることが明確となった。よって、次章ではこの点について検討していく。

2 『謝家福書信集』所収書簡に見える『靖康稗史』関連記事について

本章では、既述のように謝家福に注目して議論を行う。謝家福は、生没年は 1847-1896、蘇州出身の人物である。中国近代の電信事業の発展に尽力した人物として、また慈善事業や出版活動に従事した人物として一定の知名度がある。

その謝家福の書簡が蘇州博物館に保存されており、近年『謝家福書信集』として録文が公刊された[17)]。そして筆者が確認したところ、「雑著」に分類される書簡のうち三通に確実に『靖康稗史』に関する言及がある。管見では従来『靖康稗史』の研究においてこれらの書簡は利用されてい

16）そのような学術状況の中で、帥克 2022 は『靖康稗史』の真偽について論じた重要な成果である。今後別の機会にあらためて言及したい。

17）蘇州博物館 2015。謝家福の平生についてもその「序言」を参照。

ないので、今回それらの書簡の関連部分を具体的に紹介したい。

2-1 「致凌磬生」から分かること

『謝家福書信集』からまず取り上げるのは、「致凌磬生」である。「磬生」は凌泗の字であり、凌泗は謝家福と同じく蘇州出身の人物、生没年は1832-1907である[18)]。それでは、以下原文の一部を末尾の附録に引用し、当該部分を拙訳で以下に提示する[19)]。

> ……病気がひどくなった時、思いがけず「宋末稗史七種」を借りることが出来て、これは恐らく『普天同憤録』なのですが、人に頼んで抄写させており、これが五番目の多忙な事です。……「宋末稗史」は、一番目は「宣和奉使女真録」で、二番目は「甕中人語」で［靖康年間に汴京が包囲されていた時の事を記している］、三番目は「開封府状」で［金軍に送られる欽宗・徽宗の后妃の人名と年齢を報告している］、四番目は「宋俘記」で［徽宗・欽宗の后妃が金に赴くことを記しており、日程や経路が極めて明確である］、五番目は「青宮訳語」で［高宗の母や妻を連行して金に送る道中の記事］、六番目は「呻吟語」で［徽宗とその后妃を連行して燕山に至る道中の記事］、もう一種ありましたがその名称を忘れました［金軍が汴京の城外にいた際の記事の書物で、「北狩彙鈔」であったようだ］。咸淳丁卯の耐庵による校本であり、そして李堯臣の蔵本と多少異同があると言及しています。内容は『宋史』・『金史』と全く異なるものもあり、例えば欽宗の皇后・高宗の皇后はみな亡くなった日付が記載されま

18) ともに蘇州の有力者ということもあり『謝家福書信集』には多くの凌泗宛ての書簡が収録されるが、そのうち『靖康稗史』に言及があるのは332-335頁に収録されるものだけなので、本稿で「致凌磬生」と言えば当該の書簡を指すこととする。

19) 以下基本的に『謝家福書信集』については同様の引用方法とする。

すが、正史には見えません。金は宋の公主を宗室の妻としたとします。徽宗・欽宗はどちらも謝表が『大金弔伐録』のなかにありますが、「宋末稗史」にはもう一つの謝表と金主の赦免の詔があり、『弔伐録』になぜ収録されていないのか分かりません。理解が出来ない部分がありますが、上海の友人が抄写し終わって送って来るのを待って、さらに一部を鈔写進呈してご覧に入れようと存じます。これ以外の記述は、後宮の醜事に過ぎず、愉快なものではありません[20]。ただ『宣和奉使録』と『開封府状』の二者については、私は将来叢書の中に収録・出版したいと考えていますが、すでに刻本はありますでしょうか。貴殿は見識が広いですから、ご教示頂ければ大変ありがたく存じます。[『甕中人語』・『宋俘記』・『青宮訳語』・『呻吟語』については、広く『三朝北盟会編』に引用されている書物を調べましたが、全く確認出来ませんでした。『四庫提要』にも収録されておらず、目録書や叢書もみな調べましたが、全く確認出来ませんでしたので、この書物は元明の時の捏造なのでしょうか。将来貴殿の一考をお願いしたく存じます]……

書簡の内容を簡単にまとめると、『靖康稗史』の構成と内容、他書との異同の指摘、自身の考えの披瀝である。

さてまず問題となるのが、この書簡が記された日時である。何故なら、『謝家福書信集』では各書簡を時系列順で配列することを旨としていると見受けるが、基本的に明確な日付の記載はないからである。ここで参考になるのが、先の引用外の部分を見ると、上海に赴いて「招商局」（＝輪船招商局）で職務に従事していたが病気となった旨の記述があることで

20）「愉快なものではありません」の原文は「大為軒豁」で、むしろ「非常に朗らかです」の意であろう。ただしここには文脈的には否定的な表現が来るはずであり、原文では意を解さない。仮に「不為軒豁」の誤りとして訳した。

ある[21]。これを陳旭麓等 2002所収の輪船招商局関連の書信[22]と照合すれば、「致湊磬生」が書かれたのは光緒 17（1891）年 8 月頃であることが判明する。すると管見では、これが現在史料上確認できる『靖康稗史』に対する最古の確実な言及であることとなる。

それではこの書簡の内容の分析に進んでいく。以下五点指摘したい。

まず注目したいのは、繰り返し「宋末稗史」という表現が出現し、これは「宋末の稗史」という程度の一般的な呼称かと思うが、いずれにせよ『靖康稗史』とは述べられないことである。書簡を見ると、謝家福は『靖康稗史』を手元におかず記憶に基づいて執筆しているようである。ただし、『靖康稗史』を構成する各史料の名称は概ね記憶しているのであり、その中で書物全体の名称を忘れているとは考え難い。すると、謝家福が『靖康稗史』を入手した段階では、書物に名称は付されていなかったのではないか。推測になるがまず指摘しておきたい。

次に指摘したいのが、謝家福は『靖康稗史』を誰から借りたかを記していないことである。そのため丁丙から謝家福に遡ったような形では、謝家福から更に『靖康稗史』の来歴を遡ることは困難であり、恐らくこれ以上の調査は不可能であろうと考える。

第三に指摘したいのは、『靖康稗史』を『普天同憤録』であると考えていることである。これは鄧子勉 2002の見方にも重なる。この理解は「耐庵序」に原題が『同憤録』であると記されることが背景にあるが、そこには「普天」の文字はない。ではなぜ『普天同憤録』という書名が現れたか。知る限りこの書名は『燼餘録』という書物で繰り返し言及される形でのみ知られるものである。『燼餘録』については第 3 章で改めて述べる。

第四に、謝家福は『靖康稗史』に一定の検討を加えたうえで、その真贋に疑問を持っていることが指摘できる。これは、丁丙宛ての書簡とも

21）到滬後、……病臥五十一昼夜……於是招商局之忙……
22）例えば陳旭麓等 2002、382-383 頁の no. 310「謝家福致盛宣懐函」。

重なってくる。

最後に指摘したいのは、謝家福は『靖康稗史』を一部ではあるが出版することを考えていたことである。ただしこれは実現していない。単に謝家福の死によるものかもしれないが、謝家福が『靖康稗史』の真贋を気にしていたことからすれば意図的に回避した可能性も考えられなくはないだろう。

2-2 「致丁松生」(一) から分かること

ここからは二通の「致丁松生」を検討する。そのため、それぞれに(一)・(二) と附して区別する[23]。「松生」が丁丙の字であることは既述であり、つまりこれらは謝家福から丁丙宛ての書簡である[24]。

それでは以下に「致丁松生」(一) を拙訳で提示する。

> ……去年『靖康稗史』という書物を借りたことがあり、その原本は朝鮮から得たものなのですが、『三朝北盟会編』が言及していないことを補うことが出来るものの、後世の偽書かもしれず、『靖康要盟録』と『皇族被擄記』の二つの書物を借りて比較対照したいので、これらの書物をお持ちでしょうか。

この書簡が記された日時は、『靖康稗史』を借りたのが「去年」とあることから、前節で紹介した「致凌磬生」が記された光緒 17 (1891) 年の翌年の光緒 18 (1892) 年と分かる。

それでは以下上引の内容について三点指摘する。まず原本は「朝鮮」

23) それぞれ蘇州博物館 2015 の 341 頁と 352-353 頁に収録されている。

24) 実際には謝家福は地元蘇州に近接する杭州の著名人である丁丙に宛てて多くの書簡を送っており、ここではその内二通のみを紹介するものである。なおこれら二通の他に蘇州博物館 2015 の 356 頁掲載の「致丁松生」に「稗史原本似是摹抄行草書、故字不成字。」とあるのも『靖康稗史』関連記事の可能性が高いと考えるが、ここでは扱わない。

から得たものだと述べていることである。第一章で紹介した「丁丙跋」では「東洋」から得たものとされ、故に従来『靖康稗史』が日本経由で清末に中国に流入したとの理解も存在した。だが「遺徳序」からは『靖康稗史』が朝鮮で伝来して来たと解され、これに加えて謝家福が朝鮮から入手したものだと述べている以上、日本を経由したと想定する必要はないと考える。

次に指摘したいのは、『皇族被擄記』なる書物に言及していることである。管見では同名の書物の実在を知らないが、これも先述の『普天同憤録』と同様に（正確にはその別名として）『燼餘録』で言及されていることが確認出来る（《中国野史集成》編委会等 1993、260 頁）[25)]。

最後に「致凌磬生」と重なる点として、入手先を明記しないことと、その真贋に疑念を呈していることが指摘できる。

2-3 「致丁松生」（二）から分かること

それでは次に、「致丁松生」（二）を検討しよう。これも拙訳を以下に提示する。

> ……『靖康稗史』については抄写し始めたものの作業が遅延していたため、近頃ようやく写し終わったので、謹んでご覧頂きたく存じます。内容を細かく検討したところ、正史と異なる箇所がかなり多く、そのなかで例えば欽宗の皇后が貞節を守って死んだことについて『宋史』はその死について不明であると述べ、張叔夜が鞏県で黄河を渡る時に死んだことについては『宋史』は白溝を過ぎる時と述べていることなどは、どちらも歴史的事実に関わるところがあるよ

25）なお鄧子勉 2002 の 174 頁では、『三朝北盟会編』に「靖康皇族陥虜記」などの『皇族被擄記』と名称が近似する書物が引用されていることに言及するが、それらとの関係に対しては慎重な態度をとっている。

うなので、そのためこの書物が後人の出鱈目かどうかを確定させたのちに、はじめて二つの説のどちらが正しいかが分かります。以前『三朝北盟会編』と『靖康要録』・『大金弔伐録』をお借りして比較したことがありましたが、互いに異同や詳略があるものの、書物としては信頼出来そうです。ですが広く目録書を調査したところ、全く『靖康稗史』という書物やそこに引用される各書の記載はないので、疑わしいところがないとも言えません。以前書物をお借りして比較しようとしたのは、まさにこの為だったのです。……[26]

この書簡で一番重要なのは、表現の差異はあるが明らかにこれが第1章で検討した「丁丙跋」に引用される謝家福の書簡であることである。つまり、「丁丙跋」の引用には根拠があったことが確認できた。そしてこの書簡が確認できたことは、丁丙旧蔵本が確かに謝家福から贈られたものであるということにもつながる。

なお本書簡の記された日時については、「以前書物をお借りして比較対照しようとした……」と言う箇所が「致丁松生」(一)の内容を指すと考えられることから、それより以後のことである。そして本書簡は「丁丙跋」に引用されていることから、「丁丙跋」が記された光緒18(1892)年7月以前であることになる。つまり、本書簡が記されたのは光緒18(1892)年の前半のある時点である。

以上本章で三点の書簡を検討しつつ述べた主な点を確認すると、以下のようである。

- 従来『靖康稗史』に関する確実な最古の情報は「丁丙跋」であったが、『謝家福書信集』所収の書簡に含まれる記事は僅かにそれを遡る。ただし謝家福は『靖康稗史』の入手先を述べておらず、これ以上は追跡が

26)「抄写し始めた」の「し始めた」は、「下本」を「下手」と読み替えて訳出したものである。なお引用以下も関連の記述がしばらく続くが、行論上不要のため省略する。

難しそうである。

- 「丁丙跋」に引用される形で知られていたが、謝家福自身が『靖康稗史』の真贋に対して慎重な姿勢も見せていることが確認できた。
- 謝家福は『靖康稗史』を『燼餘録』と関連付けて検討しようとしている様子がある。

以上のうち、最後の点を踏まえて第三章で『燼餘録』について考える。

3 『燼餘録』について

第2章で述べたように、謝家福がその書簡中で『靖康稗史』に関連付けて言及する『皇族被擄記』・『普天同憤録』は、いずれも管見ではその実在を確認出来ないが、他方で『燼餘録』に記述がある。よってこの『燼餘録』について見て行きたい。

『燼餘録』は、元代の蘇州の人である徐大焯の撰とされる筆記史料である。しかし現在知られるその最古の版本は清末の刊本であり、その点で『靖康稗史』と共通する部分がある。だが共通点はそれだけでなく、『燼餘録』を地元蘇州に関わる書物として「望炊樓叢書」（1896）に収録・刊行したのは謝家福自身である[27]。謝家福と深く関わるという点でも両者は共通点があるのである。

なお『靖康稗史』と『燼餘録』をこのように謝家福を介して結びつける視点は鄧子勉 2002 が既に提示しており、その意味では目新しいものではない。だが鄧子勉は『靖康稗史』と『燼餘録』の双方を真贋の点で問題がないことを前提としているようである。だが筆者の立場は逆である。何故なら、『燼餘録』は既に疑わしい点が指摘されている書物だから

27）現在では《中国野史集成》編委会等 1993 に収録されるものが閲覧に便利であり、本稿執筆に際しても利用した。

である[28]。

具体的には、『燼餘録』には元代において二十戸を一甲としてモンゴル人を甲主とする里甲制が存在してそれが漢人を虐げた旨の記述があるが[29]、実際にそのような制度が施行されたことはないことが指摘される[30]。これは明代の里甲制を前提としてそれを過去に投影したと推定され、『燼餘録』は明代以降の成立である可能性が高い。慎重な検討が別途必要ではあるが、「望炊樓叢書」に収録・刊行される以前の『燼餘録』の版本の存在に関する情報を知らないため、『燼餘録』はそれに極めて近い時代、即ち清末に成立した可能性も十分にあるように思う。

なお上記の疑惑は元代に関連する視点からのものだが、実際に『燼餘録』を通覧すると兀朮（＝宗弼、阿骨打の息子）による1129年の江南侵攻に関連する記述が多いのが目につく[31]。私見ではむしろこれが『燼餘録』の特徴に感じる。つまり女真による宋の被害を叙述するという内容面でも、『燼餘録』は『靖康稗史』と共通点があると考える。

さて上記のように『燼餘録』が疑わしい書物であるならば、それと大きな共通点がある『靖康稗史』も疑わしいものなのではないかと筆者は考える。つまり当時謝家福の周辺には、現在伝わっていないようなものも含めて「怪しい」書物が行き交っていたのではないか、想像を逞しくすれば、入手先を明示しないのもその反映であるかもしれない。

28）以下に述べる問題のほか、北宋太祖の死に関する記事が存在することなども『燼餘録』の「いかがわしさ」を感じさせるように思う。そして詳細は略すが、余嘉錫 2007以来注目されて来た同書における楊家将関連の記述についても、筆者は同様の感をもつ。

29）《中国野史集成》編委会等 1993、271頁。

30）李則芬 1979、196頁、韓儒林 1986、5頁。陳学霖 2004もその事実性には疑問を呈す。

31）本文三十葉の中に、私算で8回出現する。

おわりに

第3章で、出現の経緯において『靖康稗史』との関連が推測される『燼餘録』が疑わしい書物であることから、『靖康稗史』も同様に疑わしい書物なのではないかと考えた。これを端的に言い換えれば、『靖康稗史』はある種の偽書なのではないかという見立てを提示したことでもある。だが本稿ではその伝来を検討したのみであり、明らかに議論が不十分である。今後内容面から更に分析を行いたい。ただ、一般的にある書物を「偽書」と証明することは極めて困難であろうことも予見している。

その上で、見立てのように『靖康稗史』が偽書だと仮定して、その背景に対する見通しを示しておきたい。この点においては、『靖康稗史』(そして『燼餘録』が) 女真に対する敵愾心を掻き立てる内容であること、そしてそれを清末と言う時代に措定すると、排満の心情に繋がり得るものであることが重要であろうと考える。つまり、清初における清朝軍の残虐行為を叙述した『揚州十日記』が清末において流行したことなどと並行する現象と理解できるのではないか[32]。いずれにせよもし『靖康稗史』が偽書であるならば、それが一世紀を経て近年権威化が進行しつつあるかもしれないことは非常に興味深く感じるものである。

【付記】本研究は、日本学術振興会の科研費(19K01028 および 20H01323)の助成をうけたものである。

【参考文献】

陳楽素「三朝北盟会編考」(『求是集』1、広東人民出版社、1986、初出 1936)
陳旭麓・顧廷竜・汪熙主編『輪船招商局』(盛宣懐檔案資料選輯 8)上海人民出版社、2002
陳学霖「劉伯温与「八月十五殺韃子」故事考溯」『中央研究院近代史研究所集刊』

32) 尹敏志 2021。

46、2004
程郁「何謂“靖康耻”—“靖康之難”性暴力対宋代社会性別観的影響」『史林』2020-1
鄧子勉「《靖康稗史》暨《普天同憤録》及其編著者等考辨」『文史』2002-3
顧志興『文瀾閣四庫全書史』杭州出版社、2018
韓儒林主編『元朝史』人民出版社、1986
李則芬「明人歪曲了元朝歴史」(『文史雑考』台湾学生書局、1979)
帥克「《靖康稗史》之《青宮訳語》《呻吟語》献疑—従書中所載宋徽宗渡河路線談起」『史志学刊』2022-2
蘇州博物館編『謝家福書信集』文物出版社、2015
尹敏志「『揚州十日記』の清末・民国期における受容」『史林』104-2、2021
余嘉錫「楊家将故事考信録」(『余嘉錫論学雑著』中華書局、2007、初出 1945)
張其凡「関于《宣和乙巳奉使録》的書名与作者問題」『史学集刊』2008-3
《中国野史集成》編委会・四川大学図書館編『中國野史集成　先秦—清末』巴蜀書社、1993

【附録】

○『靖康稗史』序跋(『靖康稗史箋証』に依拠)

•「耐庵序」

「開封府状」・「南征録彙」・「宋俘記」・「青宮譯語」・「呻吟語」各一卷、封題「『同憤録』下帙、甲申重午確庵訂」十二字、藏臨安顧氏已三世。甲申當是隆興二年、上冊已佚、確庵姓氏亦無考。所采皆虜中書、絶筆於梓宮南返、當是奉迎諸老手筆。

高宗朝搜禁私家紀述、「南征録彙」間有傳本、余僅見上帙、當是靖康元年閏月前事、補以「宣和奉使録」・「甕中人語」各一卷、靖康禍亂始末備已。咸淳丁卯耐庵書。

•「遺德序」

中土禍患、至宋徽・欽而極、子息蕃衍、恥辱亦大、前史未有也。是編久存大藏、朕微時見轉鈔本於同年家、差脱不可句讀。踐祚後、檢諸故府得此、有先「忠烈王」圖印、是百年前傳寫來。披覽事變、終始咸悉、宋金所為、皆有國者金鑑。正史隔越兩朝、卷帙繁博、無此融會貫通、暇當考徵芟補、命儒臣泐為一書、為萬世子孫戒。辛巳三月上巳遺德筆。

•「丁丙跋」

右書上冊為「宣和奉使録」・「甕中人語」各一卷、耐庵取以補確庵所編『同憤録』也。下冊即『同憤録』之下帙、為「開封府状」・「南征録匯」・「宋俘記」・「青宮譯語」・「呻吟語」各一卷、合題『靖康稗史』。蘇州謝綏之[家福]得自東洋、録副見貽、且示云、「細勘所録、與正史異同處頗多。内如欽宗皇后之死烈、史稱不知崩聞。張叔夜之死鞏縣渡河時、史稱過白溝時、似皆有關掌故。前嘗借得『三朝北盟會編』・『靖康要録』・『大金吊伐録』對勘、互有異同詳略、書似可信。惟各家書目從無此種、又不能無疑」云々。

丙按、耐庵姓氏與確庵同一無考。咸淳丁卯、為宋度宗三年、去祥興二年宋亡止十二年、其時國政日壞、禁令日弛、此書之出、殆謝太后・全皇后與德祐帝入元之先兆歟。後序遺德筆於辛巳、中云、「檢諸故府得此、有先『忠烈王』圖印、是百年前傳寫。」又云、「正史隔越兩朝。」以時考之、當在明季。由咸淳丁卯下數、三歷辛巳為天順五年、四歷辛巳為正德十六年、五歷辛巳為萬歷九年、六歷辛巳為崇禎十四年、明亦將亡矣、究不知本已屬於何代、遺德藩開何國。書自中土而流於異域、近又入於中朝、循環之理信非偶然。至諸家書目不載、初因禁忌而不敢出、繼因唏嘘而不忍出、非若外洋之勢隔情睽、第供考鏡、故得久而不湮也。綏翁謂書似可信、丙亦云然。

光緒壬辰秋七月八千卷樓偶記。

○『謝家福書信集』所収書簡

•「致凌磬生」

……病到七横八竪時、忽借到「宋末稗史」七種，大約即是『普天同憤録』、求托代抄、五忙也。……「宋末稗史」、一曰「宣和奉使女真録」、二曰「甕中人語」、［記靖康間汴京圍城中事。］三曰「開封府状」、［申送欽徽宮眷至金軍名氏年齒。］四曰「宋俘記」、［記徽欽宮眷赴金、分起分路極明晰。］五曰「青宮譯語」、［掠高宗母妻先赴金國途中記事。］六曰「呻吟語」、［掠徽宗及宮眷至燕山途中記事。］尚有一種忘其名目。［是金軍在汴京城外記事之書、似是「北狩彙鈔」。］係咸湻丁卯耐庵校本、并提起李堯臣所藏本、小有異同云云。内中所載、有與宋・金史絶異者、即如欽宗之后・高宗之后均有薨逝日月、史中不見。金以宋公主爲宗婦、徽・欽二宗均有謝表見諸『大金吊伐録』中。「宋末稗史」中尚有一謝表金主原降之詔、不解『吊伐録』中何以闕載。有令人不可解者、俟滬友抄完寄來、當再録一分呈閲。此外所載、不免宮幃醜事、大爲軒豁。惟「宣和奉使録」及「開封府状」兩種、弟擬將來刻入叢書中、不知已有刻本否。閣下見多識廣、幸爲示及。至懇至懇。［即「甕中人語」・「宋俘記」・「青宮譯語」・「呻吟語」、弟遍查『三朝北盟會編』徵引各書中、一概未有。『四庫書目』未収、書目彙刻亦均查過、一概未有、究不知此書是否元明時人偽造。將來須請閣下一考。］……

•「致丁松生」（一）

……去歳曾借得『靖康稗史』一書、原本得自朝鮮、足補『北盟會編』所未及、但恐後人偽作，欲借『靖康要盟録』及『皇族被擄記』兩書與之比對，未諗鄴架有此否。……

•「致丁松生」（二）

……『靖康稗史』因下本轉抄閣誤、近始寫竣、謹以呈閲。細勘所録、與正史異同處頗多、内如欽宗皇后之死烈、史稱不知崩聞。張叔夜之死鞏縣渡河時、史稱過白溝時、似皆有關掌故、故惟須考定此書是否後人杜譔，方知兩説之孰是。前曽借得『三朝北盟會編』及『靖康要録』・『大金吊伐録』對勘、互有異同詳略、書似可信。惟遍查書目、從無所謂『靖康稗史』及所引各種書名、又不能無疑。前此欲借書勘對、實爲此也。……

唐代中後期のソグド系武人に関する覚書

森部　豊

はじめに

本稿は、唐代の玄宗朝以降に活動した五人のソグド系武人について、墓誌史料を利用して彼らの活動を概観しつつ、特にその出自・系譜を明らかにすることを目的とする。

唐朝が「外国」出身の者を軍人として起用するいわゆる「蕃将」「蕃兵」について、従来、多くの研究が蓄積されてきた。その中で、本稿では特に唐代に活躍したソグド系武人をふたたびとりあげてみたい。唐代のソグド系武人を、従来の研究成果によって大まかに粗描すると、二つのタイプにわけることができる。

一つは、北朝から唐初の時期に河西から華北へ交易ルート上を移動し定住していたソグド人の中から登場してきた武人である。これに関しては、山下将司による一連の研究がある［山下 2004・2005・2011・2012］。それによると、北周以来、河西から華北各地に移住したソグド人は植民聚落を建設し、その首領を中心に、各地で隠然たる勢力を形成した。その力に注目した楊堅や李淵は、彼らをとりこみ、それぞれ王朝建設にあたって、その軍事力を利用したのである。ところが、このタイプのソグド系武人は、史料の上から次第にその情報が少なくなり、安史の乱前後から別のタイプのソグド系武人の活動が表れてくる。

この第二のタイプのソグド系武人は、モンゴリアの遊牧国家の中にすみつき、彼らの影響を受けて、半ば遊牧化していることが特徴的である。こういったタイプのソグド人は柔然の時からすでにいたようであるが、典籍史料や石刻史料に見えるのは、突厥時代のものである。このタイプのソグド系武人については、典籍史料を博捜した小野川秀美［1942］の先駆的研究があり、またPulleyblank［1952］もおなじような手法で、その姿を浮かび上がらせた。その後、筆者は小野川とPulleyblankの研究を継承し、主に20世紀後半に出土した石刻史料（墓誌）を利用して、これらのソグド系武人に「ソグド系突厥」という概念をあたえた。また、唐後半期に活躍するソグド系武人の多くは、このソグド系突厥であるという視点に立ち、唐後半期から五代・宋初にいたるまでの政治軍事史の中にソグド系突厥の活動を位置づけた［森部豊 2010］。

これに対し、唐後半期に活動したソグド系武人の中には、第三のタイプというべき、ソグド人植民聚落出身で交易に従事していた者もいたことを主張したのが福島恵［2017］であった。福島は、2009年に公表された「史多墓誌」の分析を通じ、墓主の史多は、もともと東突厥に従属していた「伊吾」のソグド人植民聚落に居たもので、東突厥の崩壊時に唐朝に帰順し、その後、禁軍に仕えて武人として活躍した、と解釈した。これにより、唐後半期に活動したソグド系武人の中には、ソグド系突厥だけでなく、第三のタイプのソグド系武人が存在する可能性を提示したのである。

しかし、筆者は「史多墓誌」を再解釈し、墓主の史多はソグド人ではなく突厥人であること、また史多が活動した時期は、安史の乱以前の唐前半期であり、種族的にも時期的にも、福島の新説は成り立たないことを指摘した［森部豊 2022］。ただ、福島が言うように、唐後半期に活動したソグド系武人がソグド系突厥だけであるというのは偏った見方であり、今一度、史料によって再検討しなければならない課題であろう。

ところが、筆者はこの課題を行うに、いまだ準備ができておらず、その全容を明らかにする段階にいたっていない。そこで、その課題に迫る基礎的作業として、まず編纂史料中に見える中央禁軍に属すソグド系武人の事例をとりあげ、そのあと、20世紀後半から21世紀初頭にかけて発表された5点のソグド系武人の墓誌を紹介することにより、玄宗朝以降、すなわち唐代中後期に活動したソグド系武人の系譜を粗描し、将来の体系的研究の基礎的作業としたい。

なお、本稿での墓誌釈文において、■は空格、□は残欠を示すこととする。釈文引用中の「……」は省略である。

1 典籍史料に見える神策軍におけるソグド系武人

1-1 張韶の乱時の神策軍将校

唐代後半期の禁軍として、神策軍が大きく歴史にかかわってくることは周知のことであろう。しかし、神策軍の将軍や将校、兵士たちの具体的人的構造については、よくわからないことが多い。たとえば、以下に紹介するように、神策軍にはソグド系の武人が散見されるが、どういった経緯で神策軍に組み込まれていったのか、彼らはもともとどのような出自だったのだろうか。

本節では、唐の敬宗の時代（在位824～826年）、大明宮で起きたある事件をとりあげ、この時期に神策軍に在任していた将軍クラスの人的構成を見てみたい。この事件は、敬宗が十六歳で即位して三カ月もたたない時におきたもので、その鎮圧に神策軍が出動したことから、当時の神策大将軍や将軍の名が記録されて残った。以下、まずこの事件の概要をみてみたい。

長慶四（824）年正月に穆宗が崩御すると、長男の李湛が即位した。これが敬宗である。その年の四月、染坊供人の張韶が皇帝の位をねらい、兵を起こそうとした。それ以前、張韶は卜者の蘇玄明に「私が君のために占ったところ、君はまさに昇殿して、私と一緒に食事をとることになるだろう。今、皇帝陛下は昼夜を問わずポロに興じて宮中に居ないから、政変を計画すべきですぞ」と言われた。そこで、張韶は染工の無頼の者たち百人余りと結び、染色の材料にまぎれこませて武器を宮中にはこびこみ、夜を待って事をおこそうとした。ところが、大明宮の東の左銀臺門から入ろうとしたところ、車の荷が重いことに疑いを持った警備の者に気づかれたので、武器をもってこれを殺し、夜を待たずして大明宮に攻めこむことになった。時に敬宗は、左銀臺門から入って、すぐ北側にある清思殿でポロをしていた。宦官たちは染色工が武器をもってやってくるのを見ると驚き、門を閉じて敬宗のもとへ報告にいった。敬宗は、普段から肩入れしていた右神策軍へ逃げ込んで難を避けようとしたが、右神策軍は、清思殿とは反対の西側にあって遠かったので、近くの左神策軍へ逃げ込むこととなった。当時、左神策軍護軍中尉だった馬存亮は泣いて敬宗を出迎え、みずから背負って軍中へ入れた。この時、左神策大将軍の康藝全、将軍の何文哲、宋叔夜、孟文亮、そして右神策大将軍の康志睦、将軍の李泳、尚國忠が騎兵を率いて賊を討ち、張韶ら一党もことごとく殺され、この事件は終息した。

この事件の詳細は、『資治通鑑』巻243「唐紀・穆宗長慶四年四月丙申条」[1]および『新唐書』巻207「宦者伝上」馬存亮条[2]に見えるが、神策軍

1）『資治通鑑』巻243「唐紀・穆宗長慶四年四月丙申条」［7836-7837頁］
卜者蘇玄明與染坊供人張韶善、玄明謂韶曰「我爲子卜、當升殿坐、與我共食。今主上晝夜毬獵、多不在宮中、大事可圖也。」韶以為然、乃與玄明謀結染工無賴者百餘人、丙申、匿兵於紫草・車載以入銀臺門、伺夜作亂。未達所詣、有疑其重載而詰之者、韶急、卽殺詰者、與其徒易服揮兵、大呼趣禁庭。上時在清思殿擊毬、諸宦者見之、驚駭、急入閉門、走白上、盜尋斬關而入。先是右神策中尉梁守謙有寵於上、每兩軍角伎藝、上常佑右軍。至是、上狼狽欲幸右軍、左右曰「右軍遠、恐遇盜、不若幸左軍近。」上從之。左神策中尉河中馬存亮聞上至、走出迎、捧上足涕泣、自負上入軍中、遣大將康藝全將騎卒入宮討賊。上憂二太后隔絕、存亮復以五百騎迎二太后至軍。張韶升清思殿、坐御榻、與蘇玄明同食、曰「果如子言」玄明驚曰「事止此邪」韶懼而走。會康藝全與右軍兵馬使尚國忠引兵至、合擊之、殺韶・玄明及其黨、死者狼藉。逮夜始定、餘黨猶散匿禁苑中。明日、悉擒獲之。

2）『新唐書』巻207「宦者伝上」馬存亮条［5870-5871頁］
……敬宗初、染署工張韶與卜者蘇玄明善、玄明曰「我嘗爲子卜、子當御殿食、我與

の大将軍・将軍たちの名前の情報は『新唐書』「宦者伝」が詳しい。

さて、これらの史料から、9世紀前半の左右神策軍の大将軍・将軍クラスの構成を見てとることができ、康藝全（左神策大将軍）、何文哲（左神策将軍）、康志睦（右神策大将軍）というソグド姓を持つ者たちの存在を確認することができる。では、彼らはどういった経緯で神策軍の大将軍や将軍になったのであろうか。この疑問に対する答えは、史料の制約もあって、はっきりしない。

1-2　康藝全

まず、左神策大将軍の康藝全は新旧両『唐書』に立伝されておらず、その出自などは不明である。『冊府元亀』巻825「総録部」名字二［9796頁］に、

> 康藝全、河東の編伍為り、勇力絶人なり。節度使の馬燧、其の多藝を以て藝全に因りて之に名づく。（康藝全、河東為編伍、勇力絶人。節度使馬燧、以其多藝因藝全名之。）

と見えることから、もとは河東節度使に属す軍人だったことがうかがわれる。その後、神策軍に所属したのだろうが、その経緯は不明である。

焉。吾聞上晝夜獵、出入無度、可圖也。」韶每輸染材入宮、衞士不呵也。乃陰結諸工百餘人、匿兵車中若輸材者、入右銀臺門、約昏夜爲變。有詰其載者、韶謂謀覺、殺其人、出兵大呼成列、浴堂門閉。時帝擊毬清思殿、驚、將幸右神策。或曰「賊入宮、不知衆寡、道遠可虞、不如入左軍、近且速。」從之。初、帝常寵右軍中尉梁守謙、每游幸。兩軍角戲、帝多欲右勝、而左軍以為望。至是、存亮出迎、捧帝足泣、負而入。以五百騎往迎二太后、比至、而賊已斬關入清思殿、升御坐、盜乘輿餘膳、揖玄明偶食、且曰「如占」。玄明驚曰「止此乎」韶惡之、悉以寶器賜其徒、攻弓箭庫、仗士拒之、不勝。存亮遣左神策大將軍康藝全・將軍何文哲・宋叔夜・孟文亮、右神策大將軍康志睦・將軍李泳・尚國忠、率騎兵討賊、日暮、射韶及玄明皆死。始賊入、中人倉卒繇望仙門出奔、內外不知行在。遲明、盡捕亂黨、左右軍清宮、車駕還。……

また、『旧唐書』巻17上「敬宗本紀」長慶四年四月丙申条［509頁］には、この事件を記す中で、「左神策軍兵馬使の康藝全、兵を率いて宮に入り之を討平す（左神策軍兵馬使康藝全、率兵入宮討平之）」とし、左神策軍大将軍ではなく左神策軍兵馬使としている。また同書同巻同年六月己卯朔条［509頁］には、「左神策大將の康藝全を以て鄜坊節度使と為す（以左神策大將康藝全為鄜坊節度使）」と見え、張韶の乱鎮圧の功績をもって栄転したことが記されるが、これ以外の情報はない。

1-3 何文哲

次に左神策将軍の何文哲であるが、彼も新旧両『唐書』に立伝されていない。上記『新唐書』の他、『旧唐書』巻17上「文宗本紀上」大和元年九月癸亥条に「左神策軍將軍・知軍事の何文哲を以て鄜坊丹延節度使と為す」と見えるのみで、その出自などに関しては全く謎であった。ところが、20世紀後半に陝西省西安市で彼の墓誌が発見され、クシャーニヤ（何国）出身のソグド人の子孫であることが明らかとなった。筆者は、かつて何文哲をソグド系突厥に出自する武人と考えていたが、このことは節をあらためて考察することとし、ここでは、旧説を撤回することのみ述べることとする。

1-4 康志睦

康志睦は『新唐書』巻148「康日知伝」に附伝が立てられており、康日知の息子であることがわかる。また、康志睦には康承訓という子がおり、懿宗の時、右神策大将軍の地位にあり、龐勛の乱の鎮圧に出動していたことが、断片的史料からうかがえる[3)]。

---

3)『冊府元亀』巻123「帝王部」征討3［1472頁］「〔懿宗・咸通十年正月〕右神策大將軍康承訓充徐泗行營都招討使」

『新唐書』「康日知伝」によれば、この家系は霊州を本貫とする。康日知の祖父である康植が、玄宗の開元年間（713-741）にオルドスで起きたソグド系突厥の康待賓の乱の鎮圧に功績があり、長安へ移住した。その後、康日知の代になって、おそらく安史の乱の直前に河北へ移住し、安禄山の部将であった李宝臣の息子の李惟岳に仕えた。安史の乱が平定された後も、そのまま成徳軍節度使麾下に残り、建中年間に成徳軍閥の内部抗争によって唐朝へ帰順した[4)]。

20世紀になり、康日知の息子の康志達と康日知の母の墓誌が発見された。康志達も母の康氏も、ともに新旧両『唐書』に立伝されず、その記述は「康日知伝」を補う。森部［2010、135-144頁］は、これら新出の石刻史料を利用して康日知の家系を明らかにし、改めてもとは六州胡、すなわちオルドスにいたソグド系突厥であることを論証した[5)]。

以上から、9世紀前半の神策軍の大将軍・将軍に任じられていたソグド系武人にはソグド系突厥以外のソグド人も含まれていた可能性がでてきた。以下、節を改め、何文哲の出自を考察しつつ、あわせて唐中後期に活動したソグド系武人の事例を紹介してみたい。

---

4)『新唐書』巻148「康日知伝」［4772-4773頁］

康日知、靈州人。祖植、當開元時、縛康待賓、平六胡州、玄宗召見、擢左武衞大將軍、封天山縣男。日知少事李惟岳、擢累趙州刺史。惟岳叛、日知與別駕李濯及部將百人啐牲血共盟、固州自歸。惟岳怒、遣先鋒兵馬使王武俊攻之、日知使客謝武俊曰：「賊孱甚、安足共安危哉？吾城固士和、雖引歳未可下、且賊所恃者田悦耳、悦兵血巘邢、壕可浮、不能殘半堞、況吾城之完乎？」又紿為臺檢示曰：「使者齎詔喻中丞、中丞奈何負天子、從小兒跳梁哉？」武俊悟、引兵還、斬惟岳以獻。德宗美其謀、擢爲深趙觀察使、賜實封戸二百。會武俊拒命、遣將張鍾葵攻趙州、日知破之、上俘京師。興元元年、以深趙益成德、徙日知奉誠軍節度使、又徙晉絳、加累檢校尚書左僕射、封會稽郡王。貞元初卒、贈太子太師。

5）これに関し、康日知の父である康孝義と思われる墓誌が、1991年に陝西省西安市三橋鎮簡家村で出土した。誌題は「唐故内供奉游撃將軍守晉州平陽府別將賜緋魚袋上柱國康［府］君墓誌銘幷序」で、誌文には、おおよそ次のように記される。「公諱孝義、字孝義、其先会稽人也。後官於［朔］方、遂家焉、今爲宥州延恩縣人也、……開元中、朝嘉其能、故授以游撃將軍・晉州平陽府別將、仍□供奉。……維天寶十一載冬十有一月八日薨於長安布政坊私第……享年五十有五。……大唐大曆四年二月十八日建」とみえる［陝西歴史博物館編『風引薤歌：陝西歴史博物館蔵墓誌萃編』陝西師範大学出版総社、2017年、94-96頁］。ただし、康植、康日知、夫人の名など一切記されず、その家系はたどれない。

2　石刻史料から見る神策軍におけるソグド系武人

2-1　何文哲

染坊供人の張韶が起こした事件の鎮圧にあたった左神策軍将軍の何文哲については、1966年に陝西省西安市の西郊から墓誌が出土し[6)]、正史などを補う多くの情報を得られるようになった。今、この墓誌を手掛かりとし、神策軍に入ったソグド系武人の出自を検討してみよう。

墓誌によれば、何文哲はソグディアナの何国王の子孫を称しながら、漢人風に「世為霊武人焉」と名乗っている。このことから、森部［2010］では、同じ霊州（霊武郡）を本貫とする康日知や何進滔[7)]の事例と照らし合わせ、何文哲も六州胡に連なるソグド系突厥だったと推測したが、この点、本稿において修正したい。

まず、康日知の家系が六州胡であることは、彼の母の康氏は長州刺史の康石の娘であり、この長州は六胡州の一つであったと考えてよいので、間違いないだろう。そして、康日知の祖父の康植が、六州胡である康待賓の乱の鎮圧に功績があったとすでに述べた通りであるが、そのことは、康日知の祖父の代から六胡州に居住していたことを示唆する。康植は、六州胡でありながら、康待賓に同調せず、唐朝側に組みしたものと推測できる。

一方、何文哲の家系を、墓誌の記述から見る限り、本貫を霊武（霊州）

6）墓誌石は縦93センチ、横87センチであり、墓誌文は全60行、毎行57字である。墓誌題は「唐故銀青光祿大夫・檢校工部尚書・守右領軍衛上將軍・兼御史大夫・上柱國・廬江郡開國公・食邑両千戸・贈太子少保何公墓誌銘幷序」である。［周紹良・趙超主編『唐代墓誌彙編続集』、上海古籍出版社、2001年、大和020、893-896頁］［魏光 1984］［盧兆蔭 1986］。

7）『旧唐書』巻181『新唐書』巻210に立伝。霊州を本貫とし、およそ9世紀のはじめに河北南部の藩鎮魏博へ移動し、やがて魏博節度使に上り詰めた。筆者は彼を六州胡の末裔と認識している［森部豊 2010］。

とする以外、六胡州に関係するようなものが見あたらない。たとえば、曽祖父と祖父についても、官職名は記されるが、おそらく、これは後世の贈官と考えてよいのではないだろうか。というのは、彼らの事績について、墓誌文は抽象的表現にとどまるからである。はっきりするのは、父の何遊仙からである。かれは「宝応元従功臣」であり、その事績についても「禄山僭盗するや、粛宗辺に幸す。毒志は方に狼心を肆にし、義勇は共に梟師を殲ぼさんとす」とあり、安史の乱鎮圧に関わったことが記される。

「宝応元従功臣」という名称は、典籍史料には見えない語句であるが、代宗が即位する際、功績のあった禁軍兵士に与えられた称号である。粛宗の皇后であった張氏は、宦官の李輔国を除こうとして皇太子であった李豫（代宗）に話をもちかけるが、李豫はこれに応じなかった。そこで張皇后は、越王の係と結んだが、この計画は宦官側に察知され、張皇后と越王係は殺されてしまう。こうして李輔国ら宦官が李豫を擁立するのだが、この時、宮中を守備し、代宗の即位に功績があったのが射生軍という禁軍である。このため、射生軍兵士に「宝応功臣」の名を賜った。

この射生軍がどのような出自のものから構成されていたかについて、中田美絵［2007］は、非漢人の武人が多くいたことを指摘する。この時期、唐朝は安史の乱鎮圧を目的とし、西域諸国にまで号令を発して兵を募り、それに応じて西域諸国から兵士が集ってきたことが挙げられる。何文哲の父は、こうした経緯で西域から直接にやってきたソグド人ではないかと推測される。

何文哲は「本何国王丕五代孫」すなわち、ソグディアナの何国（クシャーニヤ）出身と公言しており、また、彼の二度の結婚相手は、先の夫人は康氏、再婚も先夫人の妹であり[8)]、ソグド人同士で婚姻関係を結んで

8）何文哲は文宗の大和四（830）年四月に67歳で亡くなっており、先の夫人康氏は徳宗の貞元十三（797）年に亡くなっている。この時、何文哲は34歳。再婚した夫人康氏も長慶四（824）年に46歳で亡くなっている。この時の何文哲は61歳だった。

いることから、中国の習俗や文化にまだ染まっていないと考えることができる。このことから、何文哲の父の代に西域から中国本土へ移住し、中国在住の時間がまだ短いと推測することが可能である。

ただ、何文哲は父に従い、そのまま唐朝に仕えたのではなさそうである。墓誌に「貞元の初め、徳宗旧勲を追惟し、悉く其の後を求め、乃ち詔を両広に下し、即ち今捜揚す。時に開府護軍中尉の竇公文場（場）、公の名を以て聞し、旋ち左軍馬軍副将に補せらる」とあり、安史の乱平定後から徳宗の建中年間まで、在野にあったかのような書き方である。少なくとも、禁軍に身を置いていたのではなかったのだろう。貞元の初めに「左軍馬軍副将」すなわち左神策軍馬軍副将に任じられ、その後、順宗、憲宗を経て、穆宗の時に「左神策大将軍」（長慶二年）に昇進している。この点、『新唐書』が「左神策将軍」とするのと異なっている。穆宗が崩御し、敬宗が立つと、前節で紹介した張韶が事件を起こし、これの鎮圧に従事している。その後、敬宗が宦官たちに暗殺されると、何文哲は神策軍を率いてこれら逆党を討ちとり、文宗即位に尽力した。そして、文宗の大和元（827）年に鄜州刺史となり、鄜坊丹延等州節度観察処置等使を授けられた。翌年正月、長安へ帰還し、その年の四月に67歳で亡くなった。二人の夫人は何文哲に先立って亡くなっており、先夫人との間に二子、後夫人との間に四子がいた。長男の公賁は瓊王府軍、次男の公質は朔方節度押衙兼節院兵馬使兼監察御史、三男の公貞は前行和王府参軍、四男の公賞は左神策軍押衙知将事、五男の公実は試太常寺協律郎、六男の公賛は行安王府参軍である[9]。

9）何文哲墓誌［周紹良・趙超主編『唐代墓誌彙編続集』、上海古籍出版社、2001年、大和020、893-896頁］

……公諱文哲、字子洪、世爲靈武人焉。……公本何國王丕之五代孫。前祖以永徽初款塞來質、附於王庭。簪纓因盛於本朝、爵賞由光於中土。曾祖懷昌、皇中大夫・守殿中少監、賜紫金魚袋。權兼六局、職備大朝、肴膳無廢於供儲、勞績共多於修舉。祖彥詮、皇正議大夫・行丹州別駕・上柱國。王祥屈居別乘、諸葛攸展良材。稽功尚襲於遺芳、積善果徵於餘慶。列考遊仙、皇寶應元從功臣・開府儀同三司・行靈州大都督府長史・上柱國・贈尚書右僕射。祿山僭盜、肅宗幸邊。毒志方肆於狼心、義勇共殲於梟師。功均正始、褒典自頒於夏書。光被承家、追級尋高於漢曆。公卽僕射之

2-2　米継芬[10)]

正史など典籍史料に見えない神策軍に属したソグド武人の例として米

第三子也。……貞元初、德宗追惟舊勳、悉求其後、乃下詔両廣、卽今捜揚。時開府護軍中尉竇公文塲（場）以公名聞、旋補左軍馬軍副將。又四年、加忠武將軍、仍試授光祿。……十五年、……尋許轉主兵正將。……憲宗纂位、制加雲麾將軍・試鴻臚卿・兼上柱國。〔元和〕二年、充馬軍廂虞候知將事、累授散兵馬使。五年、制封廬江縣開國子、仍食邑五百戸。十年乙未、進階銀青、俄改賓客兼監察御史。丙申（元和十一年）、又轉廂使兼押衙。丁酉（元和十二年）夏、改正兵馬使、舊職如故。庚子（元和十五年）建戊寅（正月）、憲宗厭代、神馭不留。明月閏（閏正月）三日、穆宗立、公有册勳焉。……越月、授雲麾將軍兼左神策軍將軍知軍事、充步軍都虞候。明年、長慶建號、二月、加殿中。……是月特加御史中丞。……壬寅（長慶二年）三月、遷雲麾將軍守左神策大將軍兼御史中丞。……明年（長慶四年）正月、穆宗昇遐。神器有歸、敬宗嗣位。夏四月、賊臣張韶乘間竊發。敬宗失御、越在左軍。公領敢死七千人、或擐甲重門、嚴其環衛。或荷戈討亂、誅剪群凶。……翌日、車駕刻復、再恢皇綱。帝感其忠貞、嘉乃勳積、約賜金銀器及錦綵等五百餘事。尋遷御史大夫。乙巳之歳、帝始南郊。皇極惟新、改元寶曆。甲辰三月、復降新恩、特加左散騎常侍、依前神策大將軍事。其年月建丁丑、宦者劉克明構釁蕭墻、賊亂宗社、毒肆渠逆、禍及敬宗。其時寇害暴興、王業幽辱、臣妾波蕩、人鬼風號。雖有嗣立之名、未是適從之主。公領神策勇士萬餘人，與故開府中尉魏公弘簡創議協心、犄角相應、誓清逆黨、伫開天衢。又選驍勇數百人入内捜斬。自辰及酉、氛浸悉平。掃豺狼於談笑之間、前無强敵。剪鯨鯤於波瀾之上、靡有孑遺。然後與開府右軍中尉梁公守謙同謀議始、選練精兵、册建我皇、匡合文物。……其月詔加檢校工部尚書、旌其勞也。今上統極之明年、改號大和、春三月、……其年月建庚戌、遷鄜州刺史、充鄜坊丹延等州節度觀察處置等使。……明年己酉正月、策勳進封廬江郡開國公、食邑二千戸。庚戌春正月、詔追還京。二月、授右領軍衛上將軍。……不幸寢疾、享年六十七、以其年四月一日、薨於長安縣義寧里之私第。……夫人康氏、皇奉天定難功臣・試光祿卿普金之女。有子两人。以貞元十三年六月十九日終於延壽里之私第。公追惟前好、猶乞嘉姻。爰以其年復就親迎、即前夫人之第三妹也、有子四人、女四人。夫人從公之爵、封於會稽、爲郡夫人焉。長慶四年十二月、享年卌六、疾恙不世、終于左神策之公館。長子公賁、皇瓊王府參軍・廬江郡開國公、食邑二千戸。次子公質、朔方節度押衙兼節院兵馬使兼監察御史。……次子公貞、前行和王府參軍。……次子公賞、左神策軍押衙知將事・銀青光祿大夫・檢校太子賓客兼監察御史。……次子試太常寺協律郎公實……次子公贊、行安王府參軍……以其年十月八日啓二夫人而祔葬於長安縣布政鄉大郭村龍首原、從權也。……

10）周紹良・趙超主編『唐代墓誌彙編続集』［上海古籍出版社、2001年、永貞003、796頁］。墓誌石は縦48㎝、横47㎝。墓誌文は20行、毎行20～26字。

公諱繼芬、字繼芬、其先西域米國人也。代爲君長、家不乏賢。祖諱伊□、任本國長史。父諱突騎施、遠慕■皇化、來于■王庭、遨□京師、永通國好。特承■恩寵、累踐班榮。歴任輔國大將軍、行左領軍衛大將軍。公承襲質子、身處禁軍。……永貞元年九月廿一日殁于醴泉里之私第。春秋九十二。以其年十二月十九日安厝于長安縣龍門鄉龍首原。禮也。夫人米氏。……公有二男、長曰國進、任右神威軍散將・寧遠將軍・守京兆府崇仁府折衝都尉同正。幼曰僧思圓、住大秦寺。……

継芬をあげることができる。彼の存在は、1955年、陝西省西安市西郊の三橋で出土した「米継芬墓誌」の発見によって知られることになった。誌文によれば、米継芬は、憲宗が即位した直後の永貞元（805）年九月二十一日に九十二歳で亡くなっているので、玄宗の開元二（714）年に生まれたこととなる。誌文の中では、米継芬が神策軍の軍職に就いたことや、具体的経歴は一切書かれていない。しかし、誌題に「唐左神策軍故散副将・游撃将軍・守左武衛大将軍同正・兼試太常卿・上柱国・京兆府米府君墓誌銘并序」とあることから、最終官職が左神策軍散副将であったことがわかる。

神策軍が左右神策軍の分かれるのは、徳宗の貞元二（786）年九月であり、この時の米継芬は83歳である。それゆえ、彼が軍人として実際に活動していた時期の職名は不詳であると言わざるを得ない。ただ、誌文には「公、質子を承襲し、身は禁軍に処す」とあるので、一貫して、唐朝の禁軍に属した武人であることは確かである。

ところで、米継芬の家系は、いつ、唐へやってきたのだろうか。誌文には、「其の先は西域米国の人なり。代々君長為り、家、賢に乏しからず。祖の諱は伊□、本国長史を任ぜらる。父の諱は突騎施、遠く皇化を慕い、王庭に来たる。京師に遨□、永く国好を通ず。特に恩寵を承け、累ねて班栄を践す。輔国大将軍・行左領軍衛大将軍を歴任す」とあり、父の米突騎施の時に唐へ来たことが示唆される。すなわち、中国文化の影響をほとんど受けていないソグド人であった。このことは、米継芬がソグディアナのマーイムルグ（米国）出身者であると公言していること、墓誌において漢人風に諱と字を記すが、ともに同じ「継芬」としていて中国文化を表面的にしか理解していなかったように思われること、また、彼の夫人も米氏であって、同姓不婚の習慣に反していることなどからうかがえる。つまり、中国へ来て間もない家系であり、かつ長安移住後も、ソグド人同士、集住していたと推測できる。

父の米突騎施が唐へ来た時期は明記されないが、一つの可能性としては、安史の乱勃発直後の756年から翌年にかけて、中央アジアから唐の援兵がやって来た時［森部豊 2012、26-32頁］、その中にいた可能性を指摘することができる。その中にソグド兵が含まれていたことは間違いない。そして、そのソグド兵の中に東方シリア教会（ネストリウス派）のキリスト教徒が含まれ、その数は少なくなかったと思われる。というのは、粛宗は、霊武郡など五郡に大秦寺を建立しており[11]、これは中央アジアからやって来た兵士の中に、少なからぬキリスト教徒がいたため、彼らの歓心を買うための所作であったからである。米継芬の家系がキリスト教徒であったことはつとに指摘されており、その最大の根拠は、彼の次男が、「幼は僧の思圓と曰い、大秦寺に住む」と誌文に記されることにあり、東方シリア教会（ネストリウス派）のキリスト教徒であったからである。

2-3 何少直[12]

墓誌から明らかになる神策軍のソグド武人として、何少直をあげることができる。何少直の情報は、1986年に陝西省西安市東郊の馬騰空村で発見（出土ではない[13]）された二つの墓誌による。まず、「何少直墓誌」であるが、誌石は一辺が46～47センチで全24行。誌題に「故右神策軍押衙朝散大夫襄王府諮議参軍上柱国何少直墓誌銘并序」とあり、「右神策軍押衙」であったことがわかる。誌文には、

11）大秦景教中国流行碑「粛宗文明皇帝、於霊武等五郡、重立景寺」。

12）「何少直墓誌」［周紹良・趙超主編『唐代墓誌彙編続集』、上海古籍出版社、2001年、大中051、1005-1006頁］

故右神策軍押衙朝散大夫襄王府諮議參軍上柱國何少直墓誌銘并序
公諱少直、字子質、陳留郡人也。父惟昇、任銀青光祿大夫・檢校太子賓客・試太常卿・陳留郡開國侯、食邑一千戸、賜紫金魚袋。……公事右神策軍中尉魚驃騎。後魚公得罪、公爲進狀雪之。……初開成元年、徙河南府同軌府折衝、改福王府功曹。……至開成三年丁憂、遂起復、拜右監門衞率府副率。……大中九年五月四日終於長安萬年縣常樂里。……

13）農民によれば、前年の1985年に盗掘墓から取り出したものらしい。

公の諱は少直、字は子質、陳留郡の人なり。父は惟昇、銀青光禄大夫・検校太子賓客・試太常卿・陳留郡開国侯を任ぜられ、食邑一千戸たり、紫金魚袋を賜う。……公、右神策軍中尉魚驃騎に事う。後に魚公、罪を得るや、公為めに進状し之を雪ぐ。……初め開成元年、河南府同軌府折衝に徙り、福王府功曹に改む。……開成三年丁憂し、遂に起復するに至り、右監門衛率府副率を拝す。……大中九年五月四日、長安万年県常楽里に終わる。……

と見える。生年が不詳であり、また何文哲や米継芬と異なり、ソグド人である判断材料は「何姓」以外は無い。

ところで、「何少直墓誌」と同時に発見されたもう一つの墓誌がある。それは何少直の母の「何少直故太夫人蘭氏墓誌」[14]である。当該墓誌の誌題は「唐右神策軍護軍中尉押衙游撃將軍守左衞翊臺府中郎將上柱国何少直故太夫人河南蘭氏墓誌銘幷序」とある。ここでは、何少直の肩書が「右神策軍護軍中尉押衙」とあるが、これは右神策軍護軍中尉の属官の押衙という意味である。李鴻賓［1993、95-96］によれば、母の蘭氏は鮮卑もしくは匈奴系の種族に属すという。また、何少直の何姓については、鮮卑の賀抜氏が改姓したものか、あるいはソグドの何国の出自の後裔であろうと推測している。

筆者は、この問題について断定できる材料を持ち合わせていないが、この時期の神策軍に所属したソグド姓の将軍であることから、あえて大胆に推測するならば、何文哲や米継芬とおなじソグド系武人といえるの

14)「何少直故太夫人蘭氏墓誌」［周紹良・趙超主編『唐代墓誌彙編続集』、上海古籍出版社、2001年、開成012、931頁］

唐右神策軍護軍中尉押衙游撃將軍守左衞翊臺府中郎將上柱國何少直故太夫人河南蘭氏墓誌銘幷序
朝儀郎前守吉州盧陵縣令崔萬從撰
（上残）氏故通王府長史有俊之女、其先河南人也。……府君祚薄、不幸早終。……子少直・右神策軍護軍中尉押衙・游撃將軍・守左衞翊臺府中郎將・上柱國。……遘疾累月、以開成二年七月七日終於旗亭里之私第也、春秋六十有一。……以其年十月二十五日、葬於萬年縣龍首郷袁藺村浄福里、於先塋之東。……

ではなかろうか。ただし、その出自が六州胡系統のソグド系突厥なのか、あるいは粛宗時代に西域からやって来たソグド武人なのか、はたまたそれ以前に中国へ移住していたソグド人の後裔なのかは判断できない。

3　唐中後半期のソグド系武人に関する新史料

前節では、20世紀後半に出土・発見されていた三点の墓誌を取り上げ、唐代中後期に活動したソグド系武人の出自について考察してみた。本節では、21世紀以降発見された墓誌を紹介し、唐代中後半期のソグド系武人の様相を観察してみたい。

3-1　康太和

まず紹介するのは、陝西省考古研究院が新たに所蔵し、2019年に上海古籍出版社から公刊された『陝西省考古研究院新入蔵墓誌』に収められた「康太和墓誌」である。この墓誌に関して、すでに李宗俊・沈伝衡［2019］、陳明迪［2022］、馮培紅・馮暁鵬［2021］、雷聞［2020］、趙世金・馬振穎［2020］らの研究がある。康太和は、玄宗朝に河西方面で活躍し、その後、王都圏の軍職に異動した軍人である。康太和の名は、すでに敦煌文書のP.3885「前大斗軍使将軍康太和書与吐蕃賛普赤徳祖賛」に見えていたが、今回の墓誌の発見により、その康太和の出自や大斗軍使前後の任官の経歴が明らかになったことから、中国では、かれの事績をめぐる論考があいついで発表された。

本論では、唐の中後期に活動したソグド人の系譜を明らかにするという目的に沿って、この康太和墓誌を分析してみたい。全文は、本稿末に【資料1】として掲示し、ここでは、行論に必要な個所を抜粋してみたい。〔　〕は筆者による補訳。（　）は筆者による補注である。

大唐の故左羽林軍大将軍、康府君の墓誌銘

公の諱は琮、勅もて太和と改む。字は金磚、汲郡の人なり。……高祖の懐。祖の鋒、武威郡磻和府の果毅〔都尉〕たり。才を以て班（位階）を調（異動）し、文を以て従政し、蜀郡城（成の誤字）都縣尉に莅（就）く。……考の慶、……擢して武威郡（涼州；甘粛省武威市）の磻和府折衝〔都尉〕を授かる。公、弈（奕）代、鷹揚の將門の驍果を以て、解褐して洮州（甘粛省甘南チベット族自治州臨潭県）赤嶺戍主に補せらる。扶州（四川省南坪県付近）の重博鎮將・員外置同正員に轉じ、班例に従うなり。戎幕に點無く、防禦に功有り、超えて右威衛の鄯州（青海省楽都県）柔遠府左果毅〔都尉〕・上柱國に昇り、緋魚袋・内供奉射生を賜う。……游擊將軍・右領軍衛の扶風郡（岐州。鳳翔府；陝西省鳳翔県）通濟府左果毅〔都尉〕を拜し、轉じて安定郡（涇州；甘粛省涇川県）蒲川府折衝〔都尉〕たり。定遠將軍・〔涇州の〕純德府折衝〔都尉〕を授かり、紫金魚袋を賜る。又、明威將軍・左衛の扶風〔郡〕岐山〔府〕折衝〔都尉〕に轉じ、又、忠武將軍・右衛の京兆〔府〕（陝西省西安市）仲山府折〔衝都尉〕を授く。又〔京兆府〕大明府折衝〔都尉〕に進み、並に前の供奉を准す。……又、左武衛中郎將を授かる。又、左司禦率府副率に轉じ、大斗軍使に充てらる。……抜して忠武將軍・大斗軍使・河西節度副使・右清道率府率を授かる。又、雲麾將軍たりて、河源軍使に充てらる。天寶二載（743）、右驍衛大將軍・關西都知兵馬使都虞候・河源軍使・節度副使を授かる。五載（746）、左羽林軍大將軍を授かる。宿衛に留まり誠を竭し國に奉じ、殊賞優特せらる。姑臧縣開國伯に封ぜられ、食邑七百戸たり。……公、宿衛すること卌載、歴職すること十五遷、……天寶十二載（753）十二月四日を以て、疾に遘い昭應縣の行從私第に終る。享載七十。勅して別に絹壹佰疋・粟壹佰石を贈る。即ち十四載乙未（755）二月十二日壬寅を以て、京兆〔府〕咸寧縣崇道鄉の原に葬す。禮なり。……夫人は太原の閻氏たり。……嗣子の承奎、歴任して功有り、咸寧郡

（丹州；陝西省宜川県）長松府折衝〔都尉〕・賜紫金魚袋・上柱國を授かる。次子の承宥、武部常選たり。少子の承業、武部常選たり。……

墓誌によれば、康太和は本貫を「汲郡」とするが、おそらくこれは仮託であろう。「高祖の懐。祖の鋒、武威郡磻和府の果毅〔都尉〕たり。才を以て班を調し、文を以て従政し、蜀郡城（成）都縣尉に莅く。……考の慶、……擢して武威郡磻和府折衝〔都尉〕を授かる」とあり、祖父と父は、それぞれ「武威郡磻和府」の果毅都尉と折衝都尉であった。ただし、『新唐書』巻40「地理志四」隴右道条［1044頁］によれば、「涼州 武威郡……府六有り、曰わく明威・洪池・番禾・武安・麗水・姑臧なり」とあって「磻和府」は存在しない。「番禾府」の誤字であろう。このことから、康太和の祖父と父の代は、涼州に居住していたことが明らかである。それ以前については不明であるが、康姓がソグド姓であること、涼州には北周以来、ソグド人の植民聚落が存在していたことから、涼州に住みついたソグド人である可能性は高いと筆者は考えている。

康太和の職歴を見てみると、まず「解褐して洮州赤嶺戍主に補」せられた後、扶州の重博鎮将、鄯州柔遠府の左果毅都尉となっている。洮州管内には赤嶺の地名は無く、赤嶺戍は不詳である。『新唐書』巻40「地理志四」隴右道・鄯州条［1041頁］に「鄯城〔県〕……又西のかた二十里にして赤嶺に至り、其の西は吐蕃たり。開元中分界碑有り」と見えるが、洮州と鄯州とでは場所がかなり離れている。

扶州は洮州の南方に位置する。重博鎮は不詳。洮州、扶州、鄯州はいずれも唐と吐蕃の境界域におかれた州であり、それらの地の鎮・戍や軍府に配されたことから、康太和の任務は対吐蕃戦に起用された軍人であったことがうかがえる。

その後、康太和は王都圏へ異動となり、扶風郡の通濟府[15]左果毅都尉、

15）『新唐書』記載無し。張沛 2003にも採録無し。

安定郡の蒲川府[16]折衝都尉、同じく純徳府[17]折衝都尉、扶風郡の岐山府[18]折衝都尉、京兆府の仲山府折衝都尉、大明府[19]折衝都尉といういずれも関中にあった軍府の果毅都尉、折衝都尉を歴任している。そして、左武衛中郎将、左司禦率府副率の肩書を得て大斗軍使となっている。

大斗軍は、『新唐書』巻 40「地理志四」隴右道条［1044 頁］に「涼州 武威郡……〔赤水軍の〕西二百里に大斗軍有り、本は赤水守捉たり。開元十六年軍と為り、大斗拔谷に因り名と為す」と見え、涼州に置かれた軍である。その場所から、吐蕃に対する軍事施設であることは明らかで、康太和は再び吐蕃と向き合う軍人として配置された。その後、河西節度副使を兼任し、また河源軍使となった。河源軍は隴右節度使に属す軍で、鄯州の西百二十里にあり、兵四千人と馬六百五十匹は配置されていた［『旧唐書』巻 38「地理志一」隴右節度使条、1388 頁］。

先に述べたように、康太和の祖父と父が涼州に置かれた番禾府の軍職に就いていたことは、この家系が涼州土着の一族であったことを示しているようであり、康太和が任官当初と、その後ふたたび河西・隴右方面に軍人として配置されたことは、おそらく偶然ではなく、彼の一族の居住地と大きく関係していると考えられる。すなわち、康太和は、涼州管内に居住していたソグド人と言っても誤りないだろう。

涼州には、北周以来、ソグド人の植民聚落が存在し、唐朝が誕生した時期まで、ソグド人が大きな力をもっていたことは、すでに周知の事柄である。その後、唐前半期では涼州におけるソグド人の姿は明らかではないが、安史の乱の最中に、この地で安門物というソグド商人が反乱を起こしている。『資治通鑑』巻 219 唐紀・粛宗至徳二載正月条［7015 頁］に「河西兵馬使の蓋庭倫、武威の九姓商胡の安門物等と与に節度使の周

16）『新唐書』では寧州の軍府として見える。
17）涇州の軍府。『新唐書』記載有り。
18）岐州の軍府。『新唐書』記載有り。
19）京兆府に置かれた軍府。『新唐書』無し。張沛 2003 採録。

泌[20]を殺し、衆六萬を聚む。武威大城の中、小城七有り、胡は其の五に據り、二城は堅く守る。支度判官の崔稱、中使の劉日新と与に二城の兵を以て之を攻め、旬有七日にして、之を平らぐ[21]」と見える。安門物の反乱は、事件発生時期から推測して、安史の乱に呼応したものと考えられ、また唐の中期に至っても、涼州には依然としてソグド人の勢力が隠然として残っていたことがうかがえる。ただし、この安氏と康太和の一族との関係は不明である。

3-2　康忠信

唐中期にいたっても、涼州にはソグド人が依然として一定の力を持って存在し、その一部は唐朝に軍人として仕えていたという仮説を補強するものとして、次にソグド系武人の「康忠信墓誌」を紹介してみたい。筆者はこの墓誌の情報を、馮培紅［2019、64 頁］の記述によって知った。ただ、馮培紅はこの墓誌の誌題と墓主の本貫を紹介するだけで、その全容は明らかでなかった。その後、劉子凡［2020］が墓誌の全文を紹介したが、簡体字によるもので、改行・空格など不明である。この墓誌は、おそらく盗掘などによる流出文物であり、馮も劉も原石は見ておらず、拓本のみ見たようである。その点、扱いには慎重になるべきかもしれない。拓本の写真は、中国のインターネット上の商取引のサンプルとしてアップされていることがあり、筆者も偶然、その鮮明な拓本写真を見ることができた。以下、劉子凡［2020］の釈文を底本とし、筆者が見た拓本写真によって改行、空格、文字を正字に修正した録文を、以下に

20）出土年・出土地不明であるが、周泌の子の周暁の墓誌がある。拓本写真はいくつかの石刻史料集に収めるが、西安市長安博物館編『長安新出墓誌』（文物出版社、2011、198-199 頁）に拓本写真と釈文を収める。

21）河西兵馬使蓋庭倫與武威九姓商胡安門物等殺節度使周泌、聚衆六萬。武威大城之中、小城有七、胡據其五、二城堅守。支度判官崔稱與中使劉日新以二城兵攻之、旬有七日、平之。

示しておく。

1 唐故鳳翔蕃落十將雲麾將軍左金吾衛大將軍試殿中監
2 上柱國薊縣開國公會稽康府君墓誌銘幷序
3 府君諱忠信其先西涼府人也■曾祖達皇岷州都督■祖令直
4 皇洮州司馬■考緘皇赤水軍使安西北庭河西等軍節度留後
5 兼御史大夫府君即■大夫之元子也建中四年來茲岐隴天資勇
6 鋭勁節高標星劍含霜長懷報國貞元八年原州狂寇侵掠爲
7 虞■府君擐甲從征戎夷喪敗原州既定旋討秦州餘勇方興妖
8 氛頓滅塞垣獨歩往復如飛捕逐擒生無非深入毎獲戎口皆
9 献■王庭幾對■天顔策勲累轉自雲麾將軍守左金吾衛大將
10 軍試殿中監封薊縣開國公充當軍蕃落十將貞元十七年原州
11 煙埃又起■府君提戈再擧異域塵銷方期巨振雄名將登上列何
12 圖神明未祐寢疾于躬醫術徒施竟無瘳退開成元年七月二十
13 一日傾于鳳翔府布澤里私第享齢七十五令弟忠義守左内率府
14 率■夫人楊氏陳氏皆已先歿有三子長重瑛充節度子弟次重瓊
15 右門槍散子將季重珪充雄毅官女子三人長適陳氏次適蔣氏幼
16 適寇氏至孝等卜宅兆問良辰以其年丙辰歳十月丁酉朔十二日己酉
17 安厝于天興縣里仁郷之原禮也於是追攀罔極命載前修嗚
18 呼哀哉乃爲銘曰
19 府君雄冽■河岳挺生■從戎歴官■八事雙旌■秦原二地
20 幾定攙槍■于今塞上■烽煙罷警■功聞■天闕■身貴門□
21 代承勲緒■嘉猷永清■剣沉幽壑■太華將傾■宏謀□□
22 旋棄遐齢■高崗既擇■俄掩松扃■雲深壟陌■月暗□□
23 塞□今德■更傳千載■後悲風長■此韵芳聲

墓誌によれば、墓主の康忠信は文宗の開成元（836）年に75歳で亡くなっているので、粛宗・代宗の宝応元（761年12月～763年1月）年生まれとなる。彼は康姓を持つものの、二人の夫人は楊氏と陳氏なので、婚姻関係からソグド人としての習俗を保持しつづけていたわけではないことがうかがわれる。

彼は「西涼府の人」と本貫を称している。この「西涼府」という地名は唐代の典籍にはほとんど現れず、一見すると五胡十六国時代の西涼に関係するかのようである。しかし、杜甫の「霓裳羽衣歌」の「由来能事皆主有り、楊氏聲を創め君譜を造る」に杜甫の自注が付され、「開元中、西涼府節度使楊敬述造」と見える[22]。楊敬述は、新旧両『唐書』に立伝はされていないが、『旧唐書』巻8「玄宗本紀」開元八年条［181頁］に「秋九月、突厥の谷甘・涼等州を寇す。涼州都督楊敬述為所敗る所と為り、契苾部落を掠めて歸る」と見え、涼州都督であったことが分かっている。すなわち、西涼府は涼州を指す雅称とみなしていいだろう。

康忠信の家系は、曾祖父の達が岷州都督、祖父の令直が洮州司馬、父の緘が赤水軍使・安西北庭河西等軍節度留後兼御史大夫であったと記される。曾祖父と祖父に関しては、贈官かもしれないが、岷州は現在の甘肅省の東南部にある岷県に治所がおかれ、洮州はその西隣にあった州で、治所は現在の甘粛省甘南チベット族自治州臨潭県である。ともに唐代では吐蕃と接する境界域に位置していた。父の康緘が赤水軍使であったことは、ほぼ誤りないだろう。赤水軍は、『旧唐書』巻38「地理志一」［1386頁］に「河西節度使、羌胡を斷隔し、統赤水・大斗・建康・寧寇・玉門・墨離・豆盧・新泉等八軍、張掖・交城・白亭三守捉を統ぶ。……赤水軍、涼州城内に在り、管兵三萬三千人、馬萬三千疋たり」と見え、涼州城内に置かれていた軍である。このことから、康緘—康忠信父子は、もともと涼州に居たソグド人の末裔とみなすことが可能であり、先に見た康太和と同様に、対吐蕃防衛に関わった軍人の家系といえるが、康大和との関係については、墓誌の記述からは明らかにならない。

22）謝思煒撰『白居易詩集校注』［中華諸局、1669頁］

墓誌の記述から墓主の康忠信は建中四（783）年、22歳で鳳翔節度使のもとへやってきている（墓誌5行目）。彼が本貫を「西涼府」すなわち涼州（武威）と名乗っていたのは、父まで涼州にいたことを考えると、彼自身も涼州で生まれ、涼州の出身者という意識を強く持っていたことを意味しているのではなかろうか。涼州は、安史の乱の最中の広徳二（764）年に吐蕃によって陥落させられているので、康忠信はわずかに3歳であった。この時、ただちに涼州から唐朝の実効支配領域内へ移り住んだのか、あるいは吐蕃の占領する涼州に住みつづけ、建中四年にいたって、はじめて鳳翔節度使の地へやってきたのかは、判然としない。

その後、康忠信は徳宗の貞元年間に軍功をあげて、鳳翔節度使麾下の蕃落十将になっている。貞元八（792）年は吐蕃が、四月に霊州に、また六月に涇州に侵入しており、また貞元十七（801）年は、吐蕃が塩州に侵入し、麟州を陥落させた年である［『旧唐書』巻13、徳宗本紀］。貞元八年の吐蕃による涇州侵攻の際、原州を通ってやってきたことは間違いないだろう。貞元十七年の吐蕃侵攻と原州との関係は、史料では明らかにならず、よくわからない。ただ、康忠信がこの戦役に従軍して功を挙げたことはまちがいないだろうが、貞元十七年、すなわち康忠信が38歳の時までしか記録が残っておらず、以降、亡くなるまでの事績は不明である。

誌文によれば、弟の康忠義は「左内率府率」であり、また三人の息子のうち長男の康重瑛は「節度子弟」、次男の康重瓊は「右門槍散子將」、末子の康重珪は「雄毅官」であったと記す。劉子凡［2020］は、彼らが全員、鳳翔節度使麾下の軍将であったというが、その根拠はわからない。

康忠信には二人の夫人があり、それぞれ楊氏と陳氏といった。婚姻関係から、ソグド人同士のつながりはない。また三人の娘も長女は陳氏、次女は蔣氏、三女は寇氏に嫁いでおり、ここでもソグド人同士の婚姻関係は結ばれていない。すなわち鳳翔節度使麾下に移動した康忠信一族は、すでにソグド人同士の紐帯からはずれていたようである。

以上、「康忠信墓誌」の内容をごく簡単に紹介したが、この康氏は涼州に居住していたソグド人の末裔であること、安史の乱が起きるまでは、確実に涼州に住んでいたこと、ソグド人同士の婚姻関係が見られないことから、あるいはソグド人の紐帯からは外れていた可能性があること、武人の家系であることなどを確認することができた。

おわりに

本稿では、唐の中後期に活動したソグド系武人の系譜を、5つの事例をあげ、紹介してみた。すなわち、当該時期に活動したソグド系武人には、ソグド系突厥の他、安史の乱の最中、唐朝の呼びかけによって中央アジア方面から中国へやって来たソグド系武人が含まれていること、また涼州に居住しつづけていたソグド人グループの中から、武人として台頭してきた者たちもいることが確認できた。

安史の乱以降の唐代後半期において活動するソグド系武人の全体像は、今後の課題としたい。

【謝辞】 本稿の「康忠信墓誌」の釈文に際し、東京女子大学の赤木崇敏氏から教示をいただいた。ここに謝意を表す。また、本研究はJSPS科研費JP20K01010およびJP19H01318の助成を受けたものです。

史料・文献一覧

(1)　史料

『旧唐書』、中華書局、1975
『新唐書』、中華書局、1975
『資治通鑑』、中華書局、1956
『冊府元亀』、中華書局、1960

(2)　文献

1. 日文

小野川秀美　1942「河曲六胡州の沿革」『東亜人文学報』1-4、pp. 193-226.

中田美絵　2007「不空の長安仏教界台頭とソグド人」『東洋学報』89-3、pp. 33-65.
福島恵　2017『東部ユーラシアのソグド人』第二部・第三章、汲古書院、pp. 164-189.（初出は『学習院大学文学部研究年報』2013［pp27-54］。改訂のうえ収録）
森部豊　2010『ソグド人の東方活動と東ユーラシア世界の歴史的展開』関西大学出版部
――――　2012「「安史の乱」三論」、森部豊・橋寺知子編『アジアにおける文化システムの展開と交流』、関西大学出版部、pp. 1-34.
――――　2022「「史多墓誌」に関する一考察」『KU-ORCASが開くデジタル化時代の東アジア文化研究』 関西大学アジア・オープン・リサーチセンター、pp. 269-278.
森部豊（編）2014『ソグド人と東ユーラシアの文化交渉』勉誠出版
山下将司　2004「新出土史料より見た北朝末・唐初間ソグド人の存在形態―固原出土史氏墓誌を中心に」『唐代史研究』7、pp. 60-77.
――――　2005「隋・唐初の河西ソグド人軍団―天理図書館蔵『文館詞林』「安修仁墓碑銘」残巻をめぐって」『東方学』1106、pp. 5-78.
――――　2011「北朝時代後期における長安政権とソグド人―西安出土「北周・康業墓誌」の考察」森安孝夫編『ソグドからウイグルへ』汲古書院、pp. 113-140.
――――　2012「唐の太原挙兵と山西ソグド軍府―「唐・曹怡墓誌」を手がかりに」『東洋学報』93-4、pp. 397-425
2. 中文
陳明迪　2022「《康太和墓誌》相関問題考釈」『唐史論叢』第34輯、pp166-177.
馮培紅　2019「中古武威的粟特諸姓」『涼州文化与絲綢之路国際学術研討会論文集』、中国社会科学出版社、2019、pp. 51-81.
馮培紅・馮暁鵬　2021「唐代粟特軍将康太和考論―対敦煌文献・墓誌・史籍的綜合考察」『敦煌研究』2021-3、pp. 40-56.
葛承雍　2001「唐代長安一個粟特家庭的景教信仰」『歴史研究』2001-3、pp. 181-186.
雷聞　2020「涼州与長安之間―新見《唐故左羽林大将軍康太和墓誌》考釈」『河北師範大学学報（哲学社会科学版）』43-5、pp. 20-26.
李鴻賓　1993「唐蘭夫人・何少直墓誌銘再考」『考古与文物』1993-5、pp. 92-97.
李宗俊・沈伝衡　2019「康太和墓誌与唐蕃道路等相関問題考」『西蔵大学学報（社会科学版）』2019-4、pp. 9-16
劉子凡　2020「従西北援軍到京西北藩鎮―新見《唐康忠信墓誌》研究」『河北師範大学学報（哲学社会科学版）』43-5、pp. 27-33.
盧兆蔭　1986「何文哲墓誌考釈―兼談隋唐時期在中国的中亜何国人」『考古』

1986-9、pp. 841-848.

馬洪路　1990「唐何少直墓誌銘考釈」『考古与文物』1990-3、pp. 88-90.

毛陽光　2006「両方唐代史姓墓誌考略」『文博』2006-2、pp. 82-85.

魏　光　1984「何文哲墓誌考略」『西北史地』1984-3、pp. 47-52.

許自然・張蘊　1990「西安市周囲出土的三合唐墓誌」『考古与文物』1990-4、pp. 72-80.

徐暁鴻　2019「《米継芬墓誌銘》釈義」『天風』2019-8、pp. 20-22.

閻文儒　1989「唐米継芬墓誌考釈」『西北民族研究』1989-2、pp. 154-160.

張　沛　2003『唐折衝府滙』三秦出版社

趙世金・馬振穎　2020「新刊《康太和墓誌》考釈―兼論敦煌文書 P. 3885 中的唐蕃之戦」『西夏研究』2020-1、pp. 69-74.

趙振華　2009「唐代粟特人史多墓誌初探」『湖南科技学院学報』30-11、pp. 79-82 + plate

3. 欧文

Pulleyblank, Edwin G. 1952 "A Sogdian Colony in Inner Mongolia", *T'oung Pao*, 41, pp. 317-356.

【資料１】

1　大唐故左羽林軍大將軍康府君墓誌銘
2　公諱琮、■■■勅改太和、字金磚、汲郡人也。其先承顓頊之苗胄、周文王之
3　胤緒、康叔之後、象賢崇徳、蘭芬桂芳。原乎炎漢大魏、洎乎北齊西晉、疇庸率
4　職、國史家諜詳焉。屬随季亂離、官僚紊敘。■高祖懐、■祖鋒、武威郡磻和府
5　果毅、以才調班、以文従政、莅蜀郡城都縣尉、躡南昌之令譽、佇東閣之嘉徵、
6　景福不昌、遽従物化。■考慶、負淮陰侯之智策、蓄傅介子之奇謀。威武馳聲、
7　佩猳(か)申勇、擢授武威郡磻和府折衝。公以弈代鷹揚、將門驍果。解褐補洮州
8　赤嶺戍主、轉扶州重博鎮將、員外置同正員、従班例也。戎幕無點、防禦有功、
9　超昇右威衛鄯州柔遠府左果毅・上柱國、賜緋魚袋、内供奉射生。力用可甄、
10　階級方進。拜游撃將軍・右領軍衛扶風郡通濟府左果毅、轉安定郡蒲川府
11　折衝。授定遠將軍・純徳府折衝、賜紫金魚袋。又轉明威將軍・左衛扶風岐山
12　折衝。又授忠武將軍・右衛京兆仲山府折。又進大明府折衝、並准前供奉。警
13　衛忠謹、爪牙勤恪。又授左武衛中郎將。又轉左司禦率府副率、充大斗軍使。
14　勲効過人、部伍超衆。抜授忠武將軍・大斗軍使・河西節度副使・右清道率府
15　率。又雲麾將軍、充河源軍使。天寶二載、授右驍衛大將軍・關西都知兵馬使・
16　都虞候・河源軍使・節度副使。五載、授左羽林軍大將軍。留宿衛。竭誠奉國、殊

17 賞見優。特封姑臧縣開國伯・食邑七百戸。■■■皇上以六葉開元、五聖垂

18 裕、相兼伊・呂、將列韓・彭、輪桷不遺、夷夏同用。公宿衛卅載、歴職十五遷、鐵石

19 居心、松竹標性、頒賜稠疊、朱紫繁榮、莅職清平、福祚堅貞。家室以之昌寧、宗

20 族以之元亨。得不謂從微至著、善始令終乎。噫！否泰無恒、倚伏奚准。以天寶

21 十二載十二月四日、遘疾終於昭應縣行從私第、享載七十。■■■勅別贈

22 絹壹佰疋・粟壹佰石。即以十四載乙未二月十二日壬寅、葬於京兆咸寧縣

23 崇道鄉之原。禮也。白馬馳送、朱旐曉引、九原之路、湮景增悲、三春之衢、雨涙多

24 感。夫人太原閻氏、輔佐君子。鬱有聲芳。嗣子承奎、歴任有功、授咸寧郡長松

25 府折衝、賜紫金魚袋・上柱國。次子承宥、武部常選。少子承業、武部常選。並絕

26 子思之漿、同泣高柴之血。相與策苴杖、飭桐棺、訪儒術以昭誌、卜宅兆以辛

27 酸。車馬餞別以雲□、□□悲泣以林□、□□琰以表德、纘鴻烈以紀官。俾賢

28 門之英胄、紹元勳兮不刊。其銘曰■■■■■海變山移兮四序催。地久天

29 長兮万象迴。惟達人兮符命合、奉■■■明君兮封襟開。魂靈歸兮掩東岱、

30 胤息銜恨兮泣南陔。子孫子孫兮□□祿、□□葉□兮□□□

【執筆者紹介】（執筆順）

藤　田　高　夫	関西大学文学部教授
澤　井　一　彰	関西大学文学部教授
篠　原　啓　方	関西大学文学部教授
池　尻　陽　子	関西大学文学部准教授
吉　田　　　豊	京都大学名誉教授
毛　利　英　介	関西大学非常勤講師
森　部　　　豊	関西大学文学部教授

関西大学東西学術研究所研究叢書 第14号

文書・出土・石刻史料が語るユーラシアの歴史と文化

令和5（2023）年3月15日　発行

編 著 者　森　部　　豊

発 行 者　関 西 大 学 東 西 学 術 研 究 所
〒564-8680　大阪府吹田市山手町 3-3-35

発行・印刷　株式会社　遊　文　舎
〒532-0012　大阪府大阪市淀川区木川東 4-17-31

ISBN978-4-910433-38-7 C3020

The History and Culture of Eurasia told Through the Written, Excavated, and Carved Historical Materials

Contents